AUFBRUCH
INS
AUSSERGEWÖHNLICHE

AUFBRUCH
INS
AUSSERGEWÖHNLICHE

AUFBRUCH INS AUSSERGEWÖHNLICHE

Titel der amerikanischen Originalausgabe:
AWAKENING TO THE EXTRAORDINARY - NEW EDITION

Umschlaggestaltung von Steve Handlan

Übersetzt aus dem Amerikanischen von Helga Krachler
Bearbeitung von Angelika Tessa

Herausgeber der deutschsprachigen Lizenzausgabe ist der In der Tat Verlag.
Diese Übersetzung basiert auf der englischsprachigen Ausgabe, die die von Ramtha übermittelten Originallehren enthält; ein möglicher Verlust von Teilen der Aussage bei der Übersetzung ist unvermeidlich.

Diese Veröffentlichung basiert auf den Ramtha Dialogues®, einer Serie von Tonband- und CD-Aufnahmen (eingetragen beim United States Copyright Office) und erfolgt mit freundlicher Genehmigung von JZ Knight und JZK, Inc.
Dieser Text basiert auf der teilweisen Transkription von *Ramtha Dialogues®*, Band 352, *Ramtha's School of Enlightenment, Secondary Retreat,* 4.-12. April 1997. Copyright (P) 1997 JZ Knight.

Für weitere Informationen über Ramthas Lehren wenden Sie sich bitte an: Ramtha's School of Enlightenment, PO Box 1210, Yelm, WA 98597, USA; Telefon: 001 360 458 5201. http://www.ramtha.com

ISBN 978-3-89539-129-3
1. Auflage Januar 2013

Druck und Bindung:
Aalexx Buchproduktion GmbH

In der Tat Verlag
Ammergauer Str. 80
86971 Peiting
www.michaelsverlag.de

Diese Lehrserie ist für all die Schüler des Großen Werkes bestimmt, die Ramthas Lehren lieben.

Wir empfehlen Ihnen, eine ideale Atmosphäre zum Lernen und Kontemplieren zu schaffen.

Machen Sie es sich am Kaminfeuer gemütlich. Bereiten Sie sich vor.
Lernen Sie in aller Aufgeschlossenheit und lassen Sie Ihr Genie hervorkommen.

Vorwort

Die Fireside-Serie enthält in Form einer fortlaufenden Bibliothek eine Sammlung der faszinierendsten und interessantesten Themen, die Ramtha bisher lehrte. Diese Lehrserie ist für all die Schüler des Großen Werkes bestimmt, die Ramthas Lehren lieben. Diese laufende Sammlung soll auch als Unterrichtsmaterial für die Schüler von Ramthas Schule der Erleuchtung und für all diejenigen dienen, die Ramthas Lehren kennen oder sich dafür interessieren.

Im Lauf der letzten drei Jahrzehnte hat Ramtha seine Ausführungen über die Beschaffenheit der Realität und ihre praktische Anwendung in Form zahlreicher Disziplinen ständig methodisch vertieft und erweitert. Der Herausgeber geht davon aus, dass der Leser bereits an einem von Ramthas Schule der Erleuchtung veranstalteten Anfänger-Retreat oder Workshop teilgenommen hat oder zumindest Ramthas einführende Lehren für Anfänger kennt. Die erforderlichen Basisinformationen für Anfänger finden Sie in Ramtha: Das Erschaffen von Realität. Ein Leitfaden für Anfänger (In der Tat Verlag 2012), oder im englischen Original: Ramtha: A Beginner's Guide to Creating Reality, Third Edition (Yelm: JZK Publishing, a division ofJZK, Inc., 2004).

Dieser Fireside-Serie ist ein Glossar beigefügt, in welchem einige grundlegende, von Ramtha verwendete Konzepte erklärt werden, damit sich der Leser leichter mit den Lehren vertraut machen kann. Wir haben auch eine kurze Einführung von JZ Knight mit aufgenommen, in der sie Ramtha vorstellt und erzählt, wie alles begann. Wir wünschen Ihnen viel Spaß und Besinnlichkeit beim Lesen.

Inhaltsverzeichnis

Wie ihr denkt, so wird euer Leben

Oh mein geliebter Gott,
von dem, was du bist,
dem Feuer, das du bist,
du Geheimnisvoller,
fordere meinen Geist,
und berühre meine Seele,
erweitere mein Bewusstsein und
entwickle mein Leben,
denn an diesen Tagen arbeite ich
an dem, was du bist.
Gott segne mein Leben.
So sei es.
Auf das Leben!

Wann reicht es, die gleiche langweilige Existenz zu führen? Wann werdet ihr aufwachen und einen neuen Traum und in der Tat ein neues Paradigma erschaffen? In meinem Leben nannte ich sie Abenteuer. Wenn ihr aufwacht und euch entscheidet, ein Abenteuer zu erleben, werden die Mittel und Wege für dieses Abenteuer sich einfach einfinden, weil ihr es wollt und bereit dafür seid. Es ist ziemlich erstaunlich. Es ist eine göttliche Eigenschaft und kein Zufall. Bewusstsein und Energie erschaffen die Natur der Realität, und wie auch immer ihr denkt, so wird euer Leben. Das ist es, was euch diese Essenz der Göttlichkeit gibt.

Es wäre nicht logisch oder vernünftig von euch, das nicht zu nutzen, was ihr gelehrt wurdet. Wenn ihr nicht bewusst anwendet, was ich euch gelehrt habe, könnt ihr euer Erbe nie völlig realisieren. Das Erbe ist das, was wir das Königreich des Himmels nennen. Es hat nichts mit einer Immobilie da draußen mit Namen Himmel zu tun. Es ist die Fähigkeit, Materie und Zeit zu verändern und in der Tat zu verwandeln, für den Zweck, das Unbekannte bekannt zu machen: Erschaffen, erfahren, es auflösen und neu erschaffen. Das ist eine gottgleiche Eigenschaft, und wir nennen dies auch Wachstum.

Ihr müsst wissen, es ist nicht genug, einfach das, was ihr Philosophie und Theorie nennt, zu verstehen. Das ist nicht genug. Ihr müsst lernen, all das, was latent in euch ist, hervorzubringen und ins Leben zu rufen, und da gibt es vieles, was in euch verborgen ist. Wenn weniger als ein Zehntel eures Gehirns in diesem gesamten Leben genutzt worden ist, was geschieht dann mit dem Rest davon? Warum ist es noch da und warum hat es sich im Laufe der Evolution nicht auf die Größe einer Erbse verformt? Haben wir dieses große Gehirn um eines Gesichts willen behalten? Stellt euch vor, wie euer Gesicht auf einer Erbse aussehen würde. Das legt ein stilles Zeugnis für euch ab und dasselbe gilt für die Erneuerung der Lebenszeiten. Es gibt mehr zu tun für euch, nicht im Sinne von mehr Arbeit, sondern im Sinne von Abenteuer und dem, was man Entdecken nennt. Ihr alle habt die Ausstattung und die Werkzeuge, um dieses manifestierte Königreich hervorzubringen. Das Leben dient der Erfahrung, um diesen evolutionären Faktor zu beweisen und diese Göttlichkeit jeden Tag zu manifestieren.

Ein Meister lässt den Tag nicht geschehen. Der Meister erschafft den Tag und führt ihn in die Erfahrung. Wahrheit bedeutet, das Wissen, die Philosophie zu nehmen und sie dann anzuwenden. Schritt für Schritt wendet ihr die Lehren an, wenn ihr glücklich seid, weil sie einfach anzuwenden sind, und es scheint, als ob Gott seinen erlesensten Segen auf euch regnen ließe und nichts schief gehen könnte. Dann eines Tages geht etwas schief, weil ihr vergessen habt, diesen Tag zu erschaffen. Daher wart ihr der Realität ausgesetzt anstatt sie zu leiten. Wenn es dann schief läuft, lebt ihr in diesem Falschen und grabt euch in einer problematischen Existenz ein. Daher kommen Depressionen und sie werden zu einer Gewohnheit. Wenn ihr eines Tages deprimiert seid, dann setzt das am nächsten Tag den Maßstab der Existenz. Ihr wacht auf und der nächste Tag ist eher düster, weil er am Tag zuvor geboren wurde. Dann lebt ihr die Düsterheit und fördert mehr davon für den nächsten Tag. Das ist ein Kreislauf.

Es gibt keinen Grund, warum nicht jeder Schnitt an eurem Finger in Augenblicken geheilt sein sollte. Es gibt keinen Grund, warum ihr um euer täglich Brot oder eure Existenz bitten oder euch sorgen müsst, weil ihr gelernt habt, wie man das ändert. Es gibt keinen Grund für euch, in dem, was man Depression nennt, verweilen zu müssen, weil ihr große Freude erlebt habt und es nur um das erneute Erinnern daran, wie sie zustande kam, geht, was eure Realität verändern würde. Es gibt keinen Grund, warum ihr leiden müsstet. Außerdem gibt es keinen Grund, warum ihr in eurer langweiligen Existenz stagnieren solltet. Es gibt keinen Grund, warum euer Leben alltäglich sein sollte, aber es gibt jeden Grund, warum es sich jeden Tag ändern sollte.

Veränderung bedeutet nicht, loszugehen und die Katze hinauszuwerfen. Es ist eine Verschiebung im Bewusstsein, die eine andere Schattierung ans Tageslicht bringt. Das Licht scheint anders und wirft einen anderen Schatten, und die Beobachtung des Schattens gibt dem Beobachter, der ihr seid, dimensionale Perspektive. Das ist Wachstum, das jeden Tag in eurem Leben stattfindet. Es gibt keinen Grund, warum ihr mit euren Nachbarn Krieg führen solltet, und in der Tat gibt es keinen Grund, warum ihr nicht lieben solltet. Wenn ihr Gott seid, dann seid ihr alles. Wenn ihr alles, was ich euch freimütig gelehrt habe, erreicht und erlebt habt, dann ist Gott kein Mysterium mehr. Ihr seid Gott.

Der Kasten und der freie Raum

Wir werden den Kasten der Persönlichkeit studieren, damit ihr etwas über die Natur eures Denkens versteht, wie ihr darin stecken bleibt und wo ihr aufgebt. Wie schwer muss der Test sein, bevor ihr aufgebt? Was ist ein Test und wer testet euch, jemand Sichtbarer, jemand Unsichtbarer? Es gibt niemanden, der euch testet, außer euch selbst. Wir werden den Ausdruck „Meister gegen Dörfler" verstehen und was der Unterschied zwischen den beiden ist. Der Meister hat gelernt, das zu sein, was man freien Raum nennt, um die Vorstellung der Akzeptanz von den Sinnen zu außerhalb der Sinne zu erweitern. Der Meister hat gelernt, in einer Welt zu leben, die viel größer ist, als es sich der Dörfler vorstellen kann.

Was ist die Aufgabe des gelben Gehirns, der Neokortices? Das gelbe Gehirn ist das, was man den jungfräulichen Boden nennt, den

Neokortex, das synaptische Netzwerk, das in einem neuen Leben erst geformt werden muss. Es ist ein neuer Start. Es gibt beträchtliches instinktives Wissen, das die Neuronen aufgrund des Erbguts tragen, aber großteils ist das gelbe Gehirn ein nicht kartographiertes Gebiet, das darauf wartet, entdeckt zu werden und bereit ist für ein neues Leben.

Im gelben Gehirn in euch allen ist die Summe eurer Persönlichkeit enthalten. Das bedeutet einfach, dass das gelbe Gehirn alles beherbergt, was ihr wisst, was ihr in diesem Leben gelernt habt und wie ihr es einschätzt, euer Urteil. Was ihr wisst, beherrscht auch euren Emotionalkörper, und euer Emotionalkörper wird tatsächlich von eurem physischen Körper beherrscht. Was ihr denkt, hat nicht nur die Herrschaft über euren Körper, sondern auch die Herrschaft über eure Emotionen und daher die Herrschaft über euer Leben.

Wenn dieses Neuronetz im gelben Gehirn der Boden eurer Inkarnationspersönlichkeit, dieser Existenz ist, dann geht es in all diesem Neuronetz darum, woran ihr glaubt, was ihr wisst und um eure Einschätzung, woran ihr glaubt und was ihr wisst. Beispielsweise gibt es viel Dinge, von denen ihr glaubt, sie nicht tun zu können. Der Grund, dass ihr nicht glaubt, sie tun zu können, ist, dass ihr kein Wissen darüber habt und dennoch der letzte seid, der dies zugibt. Ihr könnt sie nicht tun, weil ihr nicht wisst, wie man sie tut.

Zu der Zeit, wenn ihr mit zweiunddreißig eure Pubertät hinter euch gelassen habt, werdet ihr euch niemals aus diesem Kasten hinauswagen. Der Kasten ist eine Art Rätsel. Ihr könnt sagen: „Gut, ich ging an diesen Ort und ich ging an jenen Ort und dort bin ich nie zuvor gewesen“, aber das heißt nicht, sich aus dem Kasten hinauszuwagen, denn wir wussten bereits, dass diese Orte existierten. Es war eine Frage, sie emotional zu erleben, bevor wir die Erfahrung dazu machten, aber wir wussten bereits, dass es sie gab. Wir wussten nur nicht, wie gut sie waren oder, in der Tat, wie schlecht sie waren. Wir können auch sagen: „Gut, ich weiß alles, was ich in der Schule gelernt habe, so wie es war, und ich habe eine höhere Ausbildung gemacht und nur herausgefunden, dass es eine geringere

Ausbildung war, und ich lernte alles dort. Ich weiß ziemlich viel darüber, wie man in einer Geschäftswelt überlebt.“ Das ist auch ein Kasten und ich werde euch sagen warum, denn ihr werdet nie großartiger sein als das, was ihr wisst.

Das ist das Schöne an dem Kasten und eurer Persönlichkeit. Er ist ein sicherer Hafen. Er ist ein Ort, an den wir flüchten können. In dem Kasten ist das ganze Neuronetz der Summe unseres Wissens und unserer Erfahrungen enthalten. Wir tragen eine gewisse Arroganz in uns, weil wir, solange wir in unserem Denken Grenzen haben, uns sicher fühlen. Es ist ohne Bedeutung, wie korrupt es innerhalb des Kastens zugeht. Es ist ohne Bedeutung, wie engherzig ihr seid oder wie lieblos ihr seid. Es ist ohne Bedeutung, wie sehr ihr ein Opfer seid. Zumindest seid ihr ein Opfer und könnt darauf zählen. Nun, das ist Leben innerhalb des Kastens.

An Gott zu glauben ist eine sichere Sache, denn an Gott zu glauben bedeutet, dass Gott so groß ist, dass er niemals erklärt werden kann, und das ist sicher. Niemand fordert euch je auf zu sagen: „Nun, was ist Gott und wie ist Gottes Beziehung zu euch“, sozusagen. Es ist sicher, Gott nicht zu kennen, weil ihr ihn dann nie erklären müsst. Wir werden zu Opfern durch das Bedürfnis nach unserer eigenen Grenze, sozusagen, und in der Tat dem Bedürfnis, innerhalb dieser Grenze sicher zu sein. Dörfler denken genau so. Sie können jede Szene voraussagen, auf die sie blicken, und sie können jede Szene verstehen, auf die sie blicken. Egal, wohin ihr in eurem Leben geht, jede Szene, die ihr sogar bis zu diesem Augenblick gesehen habt, könnt ihr interpretieren und beschreiben. Jede Szene, die ihr gesehen habt, existiert in eurem Neuronetz und ihr werdet nie fähig sein, da draußen zu sehen, was nicht vorher in eurem Neuronetz existiert hat.

Der Test eines wahren Meisters

Die Disziplin des Meisters muss jeden Tag integriert werden. Im Fall dessen, was euch strahlend gesund machen würde, zum Beispiel, wie viele Menschen sind auf euch zu gekommen mit einem neuen Vitaminangebot, das verspricht, euch strahlende Gesundheit zu schenken? Wie viele bizarre Körperdisziplinen werdet ihr praktizieren? Wie viele Male werdet ihr euren Darm ausspülen, bevor ihr glaubt, strahlende Gesundheit erreicht zu haben? Wenn ihr bereits strahlend gesund wärt, würde es bereits in eurem Neokortex sein, aber das ist es nicht. Der Test ist, ihr geht weiterhin hinein und hinaus im Versuch, es herauszufinden. Ihr denkt, ihr bewegt euch, ihr habt die Lösung gefunden, nur um euch dort hinüber zu bewegen und es aus einer anderen Perspektive zu sehen. Dann findet ihr ein weiteres Stück des Puzzles, also zieht ihr in einen anderen Teil eures Denkens. Ihr denkt es zu Tode, denn, wenn alles misslingt, was ihr angestrebt habt, geschieht es, dass es keine reiche Tante gibt. Es gab einen reichen Onkel, aber er hat es nicht euch hinterlassen. Tatsächlich hat der Mensch, von dem ihr dachtet, dass ihr ihn sehr mögen würdet und dass er euch Geld geben würde, wie sich herausstellt, nichts zu geben. Und egal wie viele Zahlen ihr im göttlichen Bewusstsein zu sehen meint, sind sie am Spieltisch alle falsch.

Der Test ist, wenn ihr mit eurem Wunsch an die Grenze eures Neuronetzes, an die Kante eures Kastens gepresst werdet. Der Test ist, wenn ihr aufhört, Menschen, Orte, Dinge, Zeiten und Ereignisse zu benutzen, weil ihr sie bereits seid. Ihr erkennt, dass das, was man strahlende Gesundheit nennt, nicht durch irgendeine medizinische Behauptung, eine Ernährungsbehauptung oder eine Bewegungsbehauptung entstanden ist. Wenn ihr alles davon ausprobiert habt, all die Dinge, die ihr kennt, werdet ihr schließlich einfach zu ihnen, oder trefft ihr auf den Rand eures Kastens und gebt in Frustration auf?

Der Test eines wahren Meisters ist, dass er strahlende Gesundheit ist. Was bedeutet das? Jeden Tag bevor er aufsteht, hat er bereits seinen Tag erschaffen, ungeachtet des Leidens in seinem Körper. Es spielt keine Rolle wie verkrüppelt er ist, wie viele Wunden in seinem Gesicht offen sind, oder ob er am Ende seiner Kräfte angelangt ist. Er steht auf und erschafft, dass er von der Liebe Gottes erfüllt ist und dass er perfekte Gesundheit ausstrahlt. Wenn er seinen Tag erschafft, indem er das ist, geht er erhoben, stolz, ohne Schmerz und schön in seinem eigenen Antlitz. Er steht auf und schaut in diesen Spiegel und das ist alles, was er sieht. Er humpelt vielleicht im gesamten Haushalt herum und ins Dorf, aber in seinem Geist ist er strahlend gesund und gibt nicht auf. Er wird nicht aufgeben. Jede Nacht lebt er es und jeden Tag lebt er es. Alle anderen geben ihn auf: „Dieses arme elende Geschöpf, er ist völlig verrückt. Er denkt, er sei gesund. Jeder bei Verstand kann sehen, dass er es nicht ist." Das ist wahr. Jeder bei Verstand würde niemals sehen, dass er gesund ist. Der einzige Mensch, der ihn als gesund sieht, ist er selbst. Es ist seine Realität.

Was geschieht eines schönen Morgens? Eines schönen Morgens hat er die Barriere seiner eigenen Begrenzung durchbrochen, und er ist den Gang gegangen und hat ihn rein und einfach gelebt. Hier ist die schöne Hand Gottes als Bewusstsein und Energie in voller Sicht, welche die wundersame Heilung hervorbringt. Zweifelt niemals! Warum? Ihr habt es in dieser Schule gesehen. Das Wesen geht zum Spiegel und sieht nichts anderes. Wenn die Wunde weg ist und er nicht humpelt, sieht er es nicht anders. Es ist so, wie es immer war.

Es gibt diejenigen, die wissen, dass sagenhafter Reichtum niemals aufgrund der Meinungen ihres eigenen begrenzten Denkens, sozusagen, beschlossen werden kann. Sie erkennen das, weil sie jede Möglichkeit ausgeschöpft haben, um herauszufinden, wie sie ihn erlangen werden, und alles zu einem bösen Ende geführt hat. Das reicht, um jeden zu deprimieren. Sie würden sagen: „Sagenhafter Reichtum, warum habe ich ihn nicht? Warum meine ich nicht, ihn haben zu können? Vielleicht, weil ich niemals verstanden habe, dass Reichtum nicht von Wert handelt. Es geht um die unbegrenzte Verwendung von Energie. Wenn ich das akzeptieren kann, unbegrenzt Energie zu verwenden, verfüge ich über sagenhaften Reichtum, nicht wahr?" Also umarmt das Wesen jeden Tag, dass es sagenhaft reich ist. Es gibt in ihm oder ihr nichts, das beantworten muss, ob er oder sie es noch verdient. Das ist keine Frage mehr. Wert ist nicht einmal eine Frage, sondern der Wunsch und das Umarmen unbegrenzter Energie sind es wert, danach zu streben. So sei es.

Was tun sie? Jeden Tag leben sie, als ob es bereits so wäre. Jeden Tag erfreuen sie sich an einer Vielfalt von Träumen, die reich sind an Gelegenheiten zur Fülle, und wenn die Tasse überläuft, gibt es genug für alle anderen. Dann wird der Traum süßer und süßer, und auf dem Gesicht des Träumers zeigt sich Freude. In diesem Augenblick ist er der reichste Mensch der Welt, denn der reichste Mensch der Welt hat kein Gesicht der Freude, wie es dieser Träumer an diesem Tag hat. Es ist nicht jeden Tag von Bedeutung, ob alles, was im Küchenschrank übrig ist, altbackenes Brot, ein wenig Tee und ein letztes Bisschen Marmelade sind. Es ist nicht von Bedeutung - wir sind sagenhaft reich - weil wir dem Mangel niemals wieder und in keiner Form Tribut zollen werden. Nun, das ist ein Meister. Das ist es, was wir hier an diesem Tag definieren, denn für jeden von euch sind es die Gelegenheit des Lebens und der Wille, sich dieses Leben nach Belieben auszudenken. Wenn alles, was ihr kennt, zum Leben ungeeignet ist, dann braucht ihr mehr Wissen und ihr braucht mehr Gelegenheiten. Da sind der Körper, seine Menschlichkeit, seine ausgedachte Persönlichkeit, seine Schwere und seine Dichte, und dann gibt es das Erhabene in uns, das der Gott ist. Es ist der Wille. Es ist das, was sein kann, wenn der ganze Körper versagt. Es ist das, was existiert, wenn alle Logik versiegt. Es ist das, was beharrlich bleibt, wenn aller Glaube verloren ist. Das ist, hinter wem ich her bin und das ist, hinter dem ihr her seid.

Im freien Raum leben sagenhafter Reichtum, strahlende Energie, Gesundheit, die Fähigkeit andere zu heilen und Liebe. „Gott, lass uns lieben und lass uns nie aufhören. Und je mehr wir lieben, desto großzügiger geben wir und desto mehr sind wir Gott. Gott, bete, es möge nie enden - nie enden!" Das ist ein Meister, der im freien Raum lebt. Und was ist freier Raum? Er ist all die Unbegrenztheit, von der ich euch gelehrt habe, die auf der anderen Seite der dünnen Wand eures Denkens existiert. Wie werdet ihr dorthin gelangen? Wie werdet ihr sie manifestieren? Ihr müsst durch den Kasten in den freien Raum durchbrechen. Das bedeutet, ihr müsst er sein, trotz eurer Programmierung, und wenn ihr er seid, wird sich eure Programmierung ändern.

Was ist dafür nötig? Aufgeben ist nicht nötig. Jeden Tag, wenn wir dem überlassen sind, was man unseren biologischen Denkprozess nennt, werden wir nur im Sinne des Aufrechterhaltens des Sicherheitskastens denken: dass wir genug zu essen haben, wir gut genug aussehen, in der Tat genug heißes Wasser haben, unsere Autos sauber sind und größer, schneller, böser sind und der Ort, an dem wir am Marktplatz arbeiten, besser ist, als der dort, wo die Obdachlosen leben. Wenn wir uns selbst unserem Image überlassen, haben wir ein korrumpierbares Leben. Wenn wir aufstehen und dies jeden Tag verändern, haben wir ein Leben, das grandios ist. Jeden Tag könnt ihr nicht krank sein, schwach sein, das Opfer sein und arm sein. Jeden Tag könnt ihr nicht leiden. Jeden Tag müsst ihr lieben, und jeden Tag müsst ihr Gott sein. Ist Gott in Lumpen nicht ein schönes Bild, ein Wesen, das mit außergewöhnlichem Geist wandelt, erfüllt von der Herrlichkeit des freien Raums, in Lumpen gekleidet? Das ist nur vorübergehend.

Wann werdet ihr verstehen, was es ist, das ich euch lehre? Wann werdet ihr feststellen, dass es die Zeit wert ist, großartiger als euer Körper zu sein, dass ihr großartiger als euer Körper seid? Wann werdet ihr die Kontrolle über euer Leben übernehmen, und ich meine auch Kontrolle über euer Leben? Wann werdet ihr aufhören, das Opfer zu sein? Ihr seid nur das Opfer, weil es euch dient. Indem ihr ein Opfer seid, könnt ihr auf eure Armut oder eure Verschuldung hinweisen, und warum ihr euch sorgen solltet. Wann werdet ihr das aufgeben? Wann werdet ihr aufwachen und zu leiden aufhören und zu leben beginnen? Ihr spielt mit dem Tod und romantisiert ihn, weil er ein Fluchtgefährte ist. Ich sage euch, es ist einfacher zu sterben, als es ist zu leben. Niemand, der starb, war je ein Held. Ihr seid nur ein Held, wenn ihr es übersteht. Wie viel mehr Fähigkeiten müssen euch gezeigt werden, bevor ihr akzeptiert, was ihr tun könnt? Die Reifung, sozusagen, des Humanoiden zum Meister ist ein sehr dünner Grat. Wenn ihr wollt, werdet ihr dazu. Wessen Tests müssen geschafft werden? Eure eigenen. Worum geht es dabei? Denkt einfach darüber nach. Ihr müsst großartiger sein, als das, was ihr denkt. Das ist alles.

Freier Raum ist unmittelbar, weil es im freien Raum keine Menschen, Orte, Dinge, Zeiten und Ereignisse gibt; daher gibt es kein Urteil darüber. Urteil ist eine Verzögerung. In dem Augenblick, in dem ihr in den freien Raum zieht, habt ihr es. Der Test besteht darin, trotz all eurer Logik daran festzuhalten, sich dieses göttliche Selbst vorzustellen und es hervorzubringen.

Ich frage euch also: Was werdet ihr für den Rest eures Lebens tun? Wenn ihr dies nicht tun könnt, wie wird dann die Qualität eurer Träume für den Rest eures Lebens sein? Ihr werdet nach dem leben, was ihr in eurem Gehirn, in eurem Neuronetz habt, diesem winzigkleinen Bisschen Wissen dort, dieser sehr geringen Erfahrung mit all ihren Gewohnheiten und ihrer Opferhaltung. Das ist dann die Agenda für den Rest eures Lebens - ein langweiliges Leben.

Von der Liebe Gottes erfüllt zu sein, von strahlender Gesundheit erfüllt zu sein, sagenhaften Reichtum manifestiert zu haben, welchen Schaden könnte das bei euch anrichten, wenn ihr es jeden Tag tätet? Es nimmt euch nichts von eurem Tag. Denkt daran, ich habe euch die Geschichte von diesem Wesen erzählt, das sich sein ganzes Leben lang bei seinem Feuer darauf konzentrierte, all diesen großen Reichtum zu haben und jeden Tag seinen Traum zu leben und ihn mit denen um sich herum zu teilen. Dann, als er starb, sagten alle: „Armes Wesen. Er dachte, er würde etwas Großes erreichen, tat es aber nie.“ Wisst ihr, er wurde jedoch wieder geboren und wurde der König von England in einer sehr reichen Zeit in der Aristokratie. Es schadet nicht, es verbessert. Ihr habt nichts zu verlieren, wenn ihr es tut, außer eure Begrenzungen.

Habt ihr, was nötig ist, um über eure Logik hinaus zu leben? Seid ihr größer als eure Begrenzungen, und wann werdet ihr aufhören, darum zu streiten? Wenn ihr darüber nachgedacht habt, was ich zu euch gesagt habe und ihr euch diese Frage gestellt habt, dann haben wir den Lauf eures Lebens verändert. Wenn ihr versteht, dass freier Raum einen Augenblick entfernt ist, dann ist es der Augenblick, in dem ihr dieser Raum seid, ohne etwas anderes - egal, was der Spiegel sagt, der Körper sagt, eure Taschen sagen - wenn ihr es trotz allem seid, dann begreift ihr es.

Die Bedeutung hinter der heiligen Sprache der Symbologie

In der Biologie des Gehirns ist es die Aufgabe der Neokortices - die das sehr fette und große Gehirn bilden, das hauptsächlich leer ist - über Gedanken zu streiten und darüber, wie sie präsentiert werden, weil es ein Haus ist, das geteilt ist. Gedanken kommen in elektrischen Impulsen vom Gehirnstamm durch die Nervenfasern hoch, die das feuern, was man die Neuronen des Neuronetzes in eurem Gehirn nennt. Wenn sie feuern, werden Bilder erzeugt, die lebhaft sind. Eine Gedankenform ist eine gefrorene Formation von Bewusstsein, so dass beide Geschworenenkammern einen Kommentar abgeben können. Dieser Kommentar wird Urteil genannt. Da die reine Form präsentiert wird, ob es sich um Informationen handelt, die von eurem Körper kommen, Informationen, die von eurer gesellschaftsbewussten Atmosphäre kommen, in die ihr verwickelt seid, oder Informationen, die aus einer Zukunft kommen, präsentieren sich alle Informationen dem Neokortex vollkommen rein. Der Körper sendet keine widersprüchlichen Informationen ans Gehirn. Der Körper hat kein Urteil. Er reagiert, er bekommt seine Befehle, er tut, was ihm gesagt wird, und er erstattet Bericht an das Hauptquartier. Alle Informationen, die vom Körper kommen, erscheinen im Gehirn vollkommen rein, jungfräulich und uneingeschränkt.

Wenn das Gehirn dann die Informationen in Gedankenformen gießt, erkennt ihr das nicht, weil ihr eure Gedanken nicht in Zeitlupe beobachtet habt. Sie sind Bilder, die schweben, sich drehen und schön sind. Ihr werdet sehen, dass sie, während sie sich drehen, anfangen auseinanderzufallen. Ihre Gesichter verändern sich, ihre Winkel ändern sich, die Farben ändern sich, die Proportionen verändern sich. Während sie sich drehen und verändern, seid ihr von der Metamorphose der ursprünglichen Gedanken zu dem, was sie schließlich werden dürfen, fasziniert. Wenn ihr das sehen könntet und wie ihr es macht, wärt ihr völlig fasziniert vom Richter und den Geschworenen, die im Neokortex sitzen. Sobald sie verbreitet worden sind, kommen weitere Gedankenformen hoch, und sie sind schön.

Sie sitzen dort, dreidimensional, rotieren, verändern sich und dann verschwinden sie und weitere erscheinen an ihrer Stelle. Ihr könnt das nicht sehen, weil die Gedanken im Gehirn sehr schnell geschehen und sehr schnell analysiert werden.

Diese Lehre ist eine Präsentation von einem Herrn, einem Gott - mir - der euch einen reinen Code präsentiert. Der Code hat viel größere Bedeutung als die Worte. Sie sind in spezieller Weise geschrieben. Sie erklingen auf spezielle Weise. Sie erklingen sehr eigentümlich, weil die Eigenheit des Klangs eine völlig reine Gedankenform erzeugt, von der der Neokortex verblüfft wird, denn ihre Formation unterscheidet sich von einer gewöhnlichen Information. Das bedeutet, dass wir Geschworene erschaffen, die zu keinem Mehrheitsurteil kommen. So sei es.

Ihr müsst verstehen, dass die geheimnisvollen Lehren des Altertums, das große Wissen, nicht in Symbolen geschrieben oder in einem Code stilisiert wurden, um Außenstehenden den Zugang zu verwehren. Das Geheimnis, warum es stilisiert und in Symbolen und Gleichnissen dargestellt wurde, war für das Wesen, für das es gedacht war. Der Code wurde übergeben und die Gedankenformen erschienen im Gehirn des Empfängers, zum Erstaunen der Geschworenen. Die Geschworenen können den Code nicht analysieren, und wenn sie den Code nicht analysieren können, dann bleibt die ursprüngliche Absicht rein. Mit diesem Trick bringen wir uns selbst zur Großartigkeit, aber was funktioniert, funktioniert.

Reinheit kommt als reines Wasser in das Gehirn, aber weil es durch den schmutzigen Lappen des gewöhnlichen Denkens gefiltert wird, ist das, was durch den schmutzigen Lappen kommt, schmutziges Wasser. Das ist die Art und Weise, wie Bewusstsein beeinflusst wird, sowie wir damit durch sind. Es kommt verwandelt, verurteilt, verändert und verwickelt heraus. Das wiederum rollt das eigene Leben bis zu dem Punkt zusammen, an dem wir dieses Zusammenrollen als völlig normal akzeptieren, weil wir nie verstanden haben, wie unser Körper und unser Gehirn kulturell gestaltet wurden, um so zu funktionieren und eine Realität zu präsentieren, die für jeden zusammenhängend ist. So ist es gestaltet.

Gewöhnliche Gedanken sind die mächtigsten Gedanken, die ihr habt. Ich möchte, dass ihr sehr gut zuhört, wie einfach diese Botschaft ist. Diese Gedankenformen, die ihr gerade in einem Gedankengang zu denken beginnt, der aus euch herausrollt, sind gewöhnliche Gedanken, die bereits verwandelt wahrgenommen, beurteilt und verändert worden sind. Sie kommen chaotisch aus euch heraus, weil sie das Endprodukt eures Gehirns sind und wahllos hervordrängen. Was auch immer die Erlaubnis bekommt, in den Stirnlappen entladen zu werden, ist Realität. Wie haltet ihr diese lächerliche Realität an Ort und Stelle? Durch euer lächerliches Denken, und das lächerliche Denken hat die Macht des gewöhnlichen Gedankens. Es recycelt sich einfach selbst und dringt hinaus. Ihm wird gestattet hinaus zu dringen, weil es bereits beurteilt ist. Es ist bereits verändert. Es hat die Erlaubnis bekommen. Es ist das, worum es, wie ihr glaubt, bei normalem Denken geht, aber es ist machtvolles Denken. Es ist eure mystische Macht dessen, was ihr nie seht, was aber jeden Tag bei euch ist. Denkt darüber einen Augenblick lang nach, denn wie sonst erklären oder rechtfertigen wir eure Fähigkeit, Realität zu erschaffen?

Ihr seid bereits rot im Regenbogen. Wenn ich versuche, über rot zu reden, habt ihr keine Vorstellung, wovon ich spreche, weil ihr es bereits seid. Ihr seid analog die Farbe. Es ist die einzige Farbe, die ihr nie sehen werdet. Folglich, wenn ich über eure Macht spreche, ist es die einzige Macht, die ihr nie sehen werdet, weil ihr sie in eurem gewöhnlichen Denken bereits seid. Gewöhnliche Gedanken bestätigen die Realität des Affenverstandes, des Lebens im Kasten, des es sich mit dem Neuronetz bequem Machens, das euer Leben zusammenhält. Indem Menschen, Orte, Dinge, Zeiten und Ereignisse vom reinen Gedanken des Fokus fern gehalten werden, erlaubt ihr dem reinen Gedanken sich drehen und sich in seiner Reinheit der Form innerhalb des Gehirns zu bewegen, um das Urteil, die Veränderung, die Schädigung und die Begrenzung der Gedankenform zurückzuhalten, die normalerweise seine ursprüngliche Bedeutung verändern und zerstören würden, um ihn in den Kasten einpassen und dann hinaus senden zu können. Wenn wir derart glorreiche Gedanken halten können ohne sie zu bewerten oder sie mit einer Person, einem Ort, einem Ding, einer Zeit oder einem Ereignis zu verknüpfen, können wir nicht urteilen, weil diese die Basis unseres Urteils und in der Tat unsers Vorurteils wären. Wir halten die Geschworenen stumm. Diese unberührte Gedankenform tanzt dann wie eine schöne Flamme in der Mitte eures Gehirns, denn der Code erlaubt ihr weiterzubestehen. Wenn sie dort in ihrer Reinheit über einen längeren Zeitraum gehalten wird, wird sie als gewöhnlicher Gedanke wahrgenommen und wird aus euch hinausgehen, was so unbedeutend sein wird, wie die unbedeutenden Gedanken, die ihr jeden Tag eures Leben habt.

Das Wissen hierfür, das ihr erlangt habt, und die Vorstellung, auf die ihr euch konzentriert, sind sehr bedeutsam, höchst relevant und sehr wichtig gewesen. Es ist, was ihr wirklich wollt, und ihr fürchtet, es nicht zu bekommen. Ihr habt eine Menge Gründe euch zu fürchten, weil ihr üblicherweise diejenigen seid, die es niederreißen und zerstören. Ihr wisst nicht, dass ihr dies tut, weil ihr rot im Regenbogen seid. Ihr sucht nach einem Tyrannen da draußen, den ihr für den Verlust eures Idealismus oder den Verlust eures Traums beschuldigen könnt, wenn in Wirklichkeit ihr die Tyrannen seid. Es ist das, was ihr ihm antut.

Wir nehmen diesen schönen, wichtigen Traum: „Ich möchte ein Meister sein. Ich will es unbedingt. Das ist es, was ich vor allem anderen möchte, und Gott helfe mir, ich vermassle es an jeder Ecke. Warum? Was ist meine Blockade?“ Ihr seid eure Blockade, weil ihr diesen Wunsch so wichtig gemacht habt, dass er den Test eures Affenverstands nicht bestehen kann. Ihr werdet ihn niederreißen, bis er in die Form eurer Akzeptanz passt, weil ihr es nicht akzeptieren könnt, ein Meister zu sein. So funktioniert es. Ihr habt diese Träume so wichtig gemacht, dass ihr euch so sehr bemüht, euren Fokus zu halten, ihr strengt euch so an, rechtschaffen zu sein und ihr strengt euch so an, diesen Fokus zu halten, dass ihr so intensiv seid und euer Körper sich in Stress befindet. Was dann geschieht, ist, je länger und je mehr ihr euch anstrengt, desto größer ist das Scheitern des Traums, weil er zu wichtig ist, um zu eurem gewöhnlichen Gedanken zu werden.

Die wirklich wichtigen Dinge in eurem Leben werden sich sehr selten manifestieren, weil sie so wichtig sind, dass sie nicht mal euch entsprechen. Sie liegen außerhalb des Bereichs eures gewöhnlichen Prozesses, und bis sie für euch gewöhnlich sein können, werden sie nie passieren. Deshalb ist es wichtig, unbegrenzt zu sein. Dieses Unbegrenztsein ist die Natur eures Wesens. Wenn ihr auf Zweifel fokussiert und Menschen, Orte, Dinge, Zeiten und Ereignisse vom Zweifel löst, kann er nicht bleiben, denn der einzige Grund, warum ihr Zweifel habt, ist, dass er an einem dieser Dinge anhaftet. Wenn ihr diese Dinge entfernt, existiert Zweifel nicht mehr. Wenn ihr auf den Mangel eures Selbstwert fokussiert und auf Mangel fokussiert, ohne ihn an einen Menschen, einen Ort, ein Ding, eine Zeit, ein Ereignis anzuhaften, verschwindet er, weil Mangel nicht existieren kann, außer er haftet an einem dieser Dinge an. Er ist ein Urteil im Gehirn. Genauso ist es mit Krankheit. Wenn ihr auf eine Krankheit fokussiert, ohne sie in eine dieser Kategorien einzureihen, kann sie nicht in dieser Umgebung leben.

Die Geheimlehren der Alten Schulen der Weisheit

Ich weiß, wie man euren Geist anspricht. Ich weiß es sehr gut. Ich verstehe, wie die Mechanik eures Denkens funktioniert. Ich sehe so klar, was ihr eurem Leben angetan habt, indem ihr um eure Begrenzungen streitet und auf eurem rationalen Denken besteht. Ich habe euch beobachtet. Ihr seid euer größter Beweis für die Macht, die ihr in euch tragt. Ich nehme euch mit auf ein Abenteuer, um euch zu zeigen, dass Meister keine große Sache aus der Ungeheuerlichkeit ihres Wesens machen, weil es für sie gewöhnlicher Gedanke ist. Was könnte es sonst sein? Das ist die Antwort, die ihr bekommen werdet, aber euch dazu zu bringen, in der sehr begrenzten Weise, in der ihr zuvor gelebt habt, so ungeheuerlich zu werden, wird eine mühsame Aufgabe sein.

Wenn ihr am Morgen euren Tag erschafft, die Gedanken formt, wie ihr den Tag haben wollt, und eurem heiligen Heiligen Geist befehlt, dass es so sei, muss der gesamte Tag dem gewöhnlichen Gedanken gehorchen, und er rollt sich vor euch aus. Wenn dieses Befehlen und Halten dieser reinen Gedankenform ohne Emotion geschieht, dann wird es als gewöhnlich akzeptiert. Aber es wird nicht geschehen, weil ihr es fünf Tage lang gemacht habt und das euch irgendwie für den Rest des Jahres weitertreiben würde. Es muss jeden Tag gemacht werden. Wenn ihr den Code versteht, werdet ihr die Disziplin an jedem einzelnen Tag anwenden, und zu eurem reinen Entzücken werdet ihr feststellen, dass ihr im gewöhnlichen Sinne als Meister denkt. Es wird nicht spektakulär sein. Es wird nicht außergewöhnlich sein. Es wird ein Gott sein und darin liegt der Unterschied. Ihr werdet euch nicht bemühen müssen. Ihr werdet es einfach sein. Das katapultiert dann den ernsthaften Schüler in eine völlig neue Ebene des Verstehens.

In den alten Schulen wurde dieser Aspekt des Lernens nie gelehrt. Es gab keinen Weg, um den Schüler über den gewöhnlichen Gedanken zu lehren, weil es diesen Begriff nicht gab, und daher wurden viele Allegorien dargestellt, um ihn zu beschreiben. Es gab wirklich auch keinen Ausdruck für Gesellschaftsbewusstsein. Was ihr darüber gelernt habt, Menschen, Orte, Dinge, Zeiten und Ereignisse zu entfernen, ist eine neue Lehre, ebenso wie das Verstehen des nicht korrumpierten Gedankens und der Ausdruck „gewöhnlicher Gedanke". Niemand verstand vorher den gewöhnlichen Gedanken. Viele waren ihr ganzes Leben lang Schüler des Großen Werks, aber wenige von ihnen wurden je zu seinen Adepten, weil die fehlende Zutat diese Komplexität war, die ihnen ständig entging. Sie hatten das Wissen und sie konnten die Disziplinen einsetzen, aber Etwas fehlte. Es gab Etwas, das sie nicht sahen. Was sie nicht sahen, war das, was sie analog waren.

Wenn ihr denkt, dass das Gehirn der zu Gericht sitzende Richter und die Geschworenen ist, und diese reinen Gedanken hochkommen und korrodiert werden, beginnen wir zu verstehen, wie Blähungsschmerzen in der Brust - der große Darm befindet sich direkt hinter dem Herz-Kreislauf-System - wie diese ins Gehirn gelangenden Informationen als Herzproblem beurteilt werden könnten. Wenn sie so beurteilt werden, werden sie dazu werden. Das ist die Art und

Weise, wie Realität funktioniert. Wir beginnen zu verstehen, wie die Großen unter euch gemeinhin akzeptieren werden, was man die Gelegenheit für sagenhaften Reichtum nennt, bemerkenswerten Geist, ewig zu leben und nicht sterben zu müssen, die Vorstellung nie wieder zu altern, die Vorstellung von vollkommener und völliger Macht, von Kontrolle über die Elemente als eure Begabung ohne Diskussion und ohne Zögern. Das wird zur Basis eures Denkens. Euch anderen wird es immer entgehen.

Wenn ich Gott für euch so gewöhnlich machen kann, wie die Bremsen eures Autos zu reparieren, wenn ich euch dazu kriege, so zu denken, dann werdet ihr alles haben: Unsterblichkeit, sagenhaften Reichtum, von der Macht des Heiligen Geistes erfüllt sein, alles sehen und wissen. Dann werdet ihr den Durchbruch aller Zeiten geschafft haben, den nur Wenige je geschafft haben. Es ist eine Frage des jeden Tag Aufstehens, mit einem Atem wie am Morgen blühendem Jasmin und wegen des Lebens begeistert zu sein, wegen der Aussichten des Tages begeistert zu sein, begeistert zu sein, weil man am Leben ist. Anstatt aufzuwachen mit einem üblen, giftigen Atem, wacht ihr auf und duftet wie eine Blume, weil ihr plötzlich lebendig seid und nicht sterbt. Der Tag ist kostbar, ist schön und ihr könnt es nicht erwarten, aufzustehen, euch damit zu beschäftigen und ihn in gewöhnlichem Gedanken zu erschaffen. Er wird eure Leidenschaft sein. Und wenn sich euer Tag ausrollt, ist er einfach das, was er ist. Wer ist seine Quelle? Ihr seid es. Und jeder Tag wird besser und besser und besser, und die Abenteuer nachts werden süßer und süßer. Jetzt werdet ihr wissen, warum wir ewig leben. Es gibt diejenigen von euch, die daran denken, sich das Leben zu nehmen. Ihr seid bereits tot, und ihr seid bereits tot gewesen. Wer könnte daran denken, sich das Leben zu nehmen, wenn ihr nie gelebt habt? Das ist Leben. Ihr habt es in sehr alltäglichen Kästen gedacht. Ich lehre euch zu sehen, dass es kein Ende hat.

Wie vielen von euch ist etwas geschehen, und anstatt darauf emotional mit allgemeiner Hysterie zu reagieren, wart ihr plötzlich inmitten einer großen Ruhe und wusstet einfach, was zu tun war? Das ist gewöhnlicher Freiraumgedanke. So solltet ihr sein. Wenn wir anfangen, das Wunder mit einem geringeren Geist zu analysieren, werden wir das Wunder immer beschneiden, um der Weise, wie wir denken, zu entsprechen, gewöhnlich und begrenzt, und wenn ihr das tut, hat es seinen Zauber, seine Schönheit, sein Abenteuer und seine Veränderung gemeinsam mit seiner Herausforderung verloren. Wir könnten sagen, dass es in der Tat eine Tragödie im menschlichen Sinne ist. Ihr sollt verstehen, dass alles, was ich euch lehre, nicht in einer Art Hysterie, dass es so weit draußen und daher unerreichbar sei, betrachtet werden sollte. Eines Tages, wenn ihr die Gelegenheit habt, mit einem wahren Meister zu sprechen, werdet ihr ihm mit angehaltenem Atem Fragen stellen und ihr werdet von ihm erwarten, dass er in einer Art fanatischer, kosmischer Weise darauf antwortet. Es wird schwierig sein, ein Gespräch mit ihm zu führen, weil er von etwas in sehr normalen, akzeptierten Begriffen spricht, was ihr als Wunder betrachtet. „Was sonst könnte es sein?", würde er zu euch sagen. „Wie sonst könnte man leben? Wenn ich die Krankheit erschaffen habe, wer könnte sie besser heilen, als ich?" So sprechen Meister. Ihr könnt keine Opferhaltung aus ihm herausziehen. Es wird für euch ein Schock sein, weil ihr verstehen werdet, dass die Weise, wie er redet, tatsächlich der Weise entspricht, wie ihr jeden Tag redet, nur dazwischen liegen Leben. So sei es.

Die Straßenkarte eines Meisters - die Liste

Ich möchte, dass ihr diese Affirmationen durchgeht:

Ich bin erfüllt von der strahlenden Macht des Heiligen Geistes.
Ich bin dreißig Jahre jünger (oder fünf Jahre älter).
Ich bin perfekte Gesundheit.
Ich werde keinen weiteren Tag altern.
Ich manifestiere in meine Handfläche augenblicklich, was ich möchte.
Ich kenne die Gedanken anderer.
Ich manifestiere willentlich alles, was ich brauche.
Ich heile andere und mich selbst.
Ich bin dreißig Pfund leichter (oder dreißig Pfund schwerer).

Wenn ihr an dem, was sich in eurem Geist formt, äußerst interessiert seid, möchte ich, dass ihr es sehr langsam und unemotional laut vorlest. Ihr sollt alles mit Leidenschaft aber ohne Emotionen sagen, genauso alltäglich wie die Dinge, die ihr denkt, aber macht es mit Führung. Das befiehlt dem Gehirn, sich in Aktion zu begeben, und es scheint dem Unterbewussten hier hinten, dass die Geschworenen oben zu einer Entscheidung gelangt sind und nun Anweisungen erteilen. Wenn ihr zum unterbewussten Geist sprecht, scheint es, als ob ihr mit einem Kind sprecht, und das tut ihr, weil der Geist Gottes wie ein Kind ist. Wenn ihr zu ihm sprecht, erwidert er euch nicht. Er hält all die Geheimnisse, all das Wissen darüber, wer ihr gewesen seid, alles, das ihr getan habt, und hat bereits das Programm in Zusammenhang mit der Seele ausgearbeitet. Er weiß alles. Dennoch, wenn ihr mit ihm sprecht, bekommt ihr das Gefühl, dass ihr mit dem ungeheuerlichsten Wesen sprecht, doch er befindet sich im Körper eines Kindes, weil es so süß ist. Er wird euch antworten. Er wird nicht mit euch diskutieren. Er wird bereitwillig das einbringen, worum ihr ihn bittet, und er wird es manifest machen. Er ist die Macht, die Universen erschaffen hat.

Er äußert nie seine Meinung, wie die meisten Kinder nie ihre Meinung äußern. Der unterbewusste Geist ist Gott als ein Kind, und hier haben wir den lächerlich reifen Geist, der sich über belanglose Angelegenheiten zanken muss, bevor er sich überhaupt mit einem Kind unterhalten wird, und er tut dies sehr selten. In diesem Code unterhalten wir uns mit dem unterbewussten Geist, dem mächtigen Kind. Im Fall von Körpergewicht, wenn ihr sagt: „Ich befehle dir!“, wird er sagen: „So sei es!“ und wird den Körper sofort steuern, damit ihr Körpergewicht verliert. Der Stoffwechsel und die Temperatur eures Körpers werden in einer Nacht ansteigen. Die nervöse Energie, mit der ihr am nächsten Morgen aufwachen werdet, ist ein Ergebnis dieses Gottes, der sich an die Arbeit macht. Ihr werdet auch feststellen, dass ihr die Nahrung essen wollt, die, wie dieser Gott beschlossen hat, euer Körper braucht. Wenn ihr euch daranmacht, euch eurem eigenen Anspruch entgegenzustellen, wird er euch das erlauben, dies zu tun, aber er wird die Befehle so lange aufrecht halten, wie ihr es ihm auftragt. An dem Tag, an dem ihr aufwacht und ihm nicht sagt, dass er es so machen soll, wird er aufhören. Er ist da, um euch zu dienen, aber er weiß so viel mehr, als ihr es tut, und seine Macht ist unermesslich.

Wenn dem Gott in euch gesagt wird, Gewicht zuzulegen, wird er dies tun. Er wird die Geschwindigkeit des Stoffwechsels im Körper verlangsamen. Er wird die Nahrung nehmen und sie nicht so schnell verbrennen, denn das würde ein nervöser Stoffwechsel tun. Die Nahrung, die in den Körper aufgenommen wird, wird nicht mehr in Unruhe verbrannt. Sie wird gespeichert. Er wird genau das tun, was ihr von ihm verlangt, weil er der Gott dieses Körpers ist. Er wird es tun, weil er weiß, dass ihr zu einer Entscheidung gelangt sein. Gewöhnlicher Gedanke ist die Entscheidung, zu der ihr jeden Tag gelangt, und die dieses Kind dazu bringt, auszuführen, was ihr denkt. Gewöhnlicher Gedanke ist sein Gesetz.

Wir sprechen den inneren Gott an. Deshalb wird das auf diese Weise ausgesprochen und ihr zollt ihm entsprechende, ungeteilte Aufmerksamkeit. Er macht sich augenblicklich an die Arbeit. Es gibt keine Verzögerung, wenn wir ihn anrufen. Ich möchte, dass dieser Teil für euch wichtig ist, weil ich möchte, dass ihr die Macht in euch anruft, damit ihr wisst, worauf ihr in eurem Gehirn sitzt. Ihr sollt auch verstehen, dass das Kind in euch, der große Gott in euch, auch auf freien Raum zugreift. Hier ist das Dilemma. Wenn wir Verwirrung vorgeben, das Wundervolle nehmen und es in analytisches Kauderwelsch herunterbrechen, sind wir so beschäftigt damit, Potenziale zu analysieren und zu vermuten, dass wir es nie an den inneren Gott abgeben, etwas zu tun, daher liegt es dort ungenutzt im freien Raum. Wir wollen zugreifen auf das, was im freien Raum ist. Wir bekommen die ungenutzten Potenziale im freien Raum nur, wenn wir ohne emotionale Wertung nach ihnen greifen und sie nicht verändern, damit sie in unser eigenes Programm, unsere eigenen Glaubenskriterien passen.
Wenn wir sie einfach akzeptieren, dann werden sie augenblicklich in Aktion treten. Das Schöne liegt außerhalb statt innerhalb eures Gehirns, weil ihr es nie hereingenommen habt. Das Schöne liegt unverfälscht da draußen.

Jedes mögliche Wunder, das zu haben ihr euch je vorstellen könnt, ist einen Augenblick entfernt, und der einzige Weg, es zu bekommen, ist es ohne Veränderung nach innen zu nehmen. Wenn wir zum inneren Gott sprechen, hört er uns zu und akzeptiert unsere Meinung und unsere Führung. Er denkt, wir seien zu einer Entscheidung gelangt. Er weiß nicht, dass das, was er bekommt, noch nicht den Prozess durchlaufen hat. Er tut es einfach. Ich möchte, dass ihr erfahrt, wie nahe euer Gott ist und wie schnell die Transformation geschieht, wenn wir diese Gedankenform, diese Liste, die ich für euch erschaffen habe, nehmen, sie absolut rein halten und sie dafür verwenden, dem Gott in euch zu befehlen, euch zu verändern und das zu ändern, was auf eurer Liste ist.[1]

Gesundheit ist für den Gott in euch immer perfekt, weil der Seinszustand dessen, wer ist seid, genau das ist, was ihr zu sein verlangt habt, daher betrachtet er ihn als perfekt. Er gibt euch nur den Körper der Befehle, die ihr in jedem Gedanken, den ihr habt, an ihn weiterleitet. Ihr müsst ihn anders informieren. Gemäß eurem inneren Gott tickt in euch eine biologische Uhr. Euer Körper ist genetisch prädisponiert für eine Lebenspanne, unter Einbeziehung der feindlichen Umgebung, in der ihr existiert. Dieser innere Gott kennt bereits die Zeit eures Todes und ist bereits darauf vorbereitet. Wenn ihr das Alter von einundzwanzig Jahren erreicht habt, wird das Todeshormon bereits in eurem Körper von dem ausgeschüttet, was man das große siebte Siegel nennt. Es bewegt sich bereits in eurem Körper. Das Todeshormon schaltet die Fähigkeit der Zellen, ewig zu leben, ab und beginnt mit dem zerfressenden Degenerationsprozess. Das entspricht genau eurer Kultur, es entspricht genau dem, was ihr denkt, und es entspricht genau einer Gruppe Menschen, die nichts weiter als ein Sack Chemie sind, der sich selbst verehrt. In der Liste haben wir Gesundheit, Körpergewicht, Ernährung und unbegrenztes Sein angesprochen. Wir haben dem Gott in uns gesagt, dass wir den freien Raum nutzen wollen. Freier Raum bedeutet unbegrenzter Geist. In der Gegenwart dessen, was man den Heiligen Geist nennt, befehlt ihr eurem Körper, strahlende Energie zu haben. Warum würde der Gott in euch nicht zuhören? Ihr befehlt ihm. Das Kind wird genau das tun, was ihr sagt. Es wird nicht mit euch streiten. Ihr werdet befehlen, strahlende Energie zu haben. Der Tag, an dem ihr aufwacht und zu müde seid, eurem Gott zu befehlen, strahlende Energie zu haben, ist der Tag, an dem ihr sie nicht haben werdet. Ihr werdet sagen: „Ich bin einfach zu müde, zu müde, um aufzustehen und strahlende Energie zu befehlen. Ich glaube nicht, dass ich heute mit strahlender Energie umgehen kann." Kein Problem, ihr werdet sie nicht bekommen. Geht wieder schlafen. So funktioniert es.

Die Liste, die ich euch gab, ist eine Zeitachse. Sie ist eine Straßenkarte, die euch jeden Tag auf der Zeitachse bestätigt, und jedes dieser Ereignisse als Manifestation festlegt, um im Lauf eurer Entwicklung erfüllt zu werden. Das ist die Liste des Schicksals. Wenn sie jeden Tag gemacht wird, zügelt sie und hebt sie die genetische Liste des Schicksals auf, die ihr genetisch in jeder Zelle eures Körpers tragt und auf die eure Hormone reagieren. Sie hebt auch jedes Denken auf und die Einstellungen, die euch auf einer Zeitachse hielten, bevor ihr die Liste erlernt hattet. Diese Liste, jeden Tag gemacht, hält euch auf einer Reise und hält euch davon ab, von ihr abzuweichen.

Hört mir zu, ihr schönen Leute. Ihr seid nicht die ersten, die jemals diese heilige Landkarte hatten, Das ist die heilige Landkarte, die sehr einfach, sehr kosmopolitisch, sehr normal scheint, aber es ist eine heilige Liste. Sie ist, was jeder große Adept verwendet hat, um nicht nur ewiges Leben sondern auch Wünsche, die er in der Evolution zu manifestieren wünschte, zu manifestieren. Alle Adepten verstehen, dass all die Potenziale ihres Lebens in jedem Augenblick existieren und um dieses epische Schicksal zu erreichen, wünschen sie, müssen sie sich eine Landkarte einverleiben. Die Landkarte jeden Tag anzurufen, bringt sie auf eine Zeitachse und erlaubt ihnen, diese Dinge zu erfahren. Sie setzen auf die Liste nur, was sie zu erfahren wünschen. Das hier ist eine Liste besonders für Neophyten. Meister haben all diese Dinge bereits getan. Ihr könnt euch nur vorstellen, wie ihre Liste aussieht, aber sie haben das alles bereits getan. Sie haben bereits das Alter erreicht, das sie halten möchten. Sie haben bereits länger als zweihundertundfünfzig Jahre gelebt.

Sie sind bereits sich vollkommen gewahre Hellseher. Sie können Zeit und Materie überwinden, überall, wo sie sein wollen, bilokieren, in der Zeit vorwärts und rückwärts gehen, und sie begannen mit dieser Liste. Versteht die Liste im Sinne von gewöhnlichem Gedanken, eurem täglichen Denken. Diese Gedanken, diese Worte, die aus euch herausrollen, wurden von dem Richter und den Geschworenen, die hier oben im Gehirn sitzen, eingraviert. Meister akzeptieren, dass diese Liste gewöhnlicher Gedanke ist. Das ist das Gesetz. Es kommt aus euch und es bestätigt eure Bestimmung.

Jeden Tag, an dem ihr aufsteht und euch schlecht fühlt, wird es euch schlecht gehen. Jeden Tag, an dem ihr aufsteht und sagt: „Ich habe keine Energie", werdet ihr keine Energie haben. Jeden Augenblick während des Tags, wenn ihr jemand anderen beurteilt, werdet ihr beurteilt. Wenn ihr euch während des Tages einen Augenblick lang anzweifelt, wird euch jede Erfahrung zeigen, warum ihr es tun solltet. Wenn ihr während des Tages Fantasien über das Sterben habt, dann werdet ihr ein Treffen mit dem Tod haben. Wenn ihr jeden Tag verdorbene Gedanken über jemand anderen denkt, sind diese Gedanken auf dem Weg zu euch zurück, weil ihr auf der Zeitachse seid, um sie zu treffen. Nun, so funktioniert es. Wenn ihr von einer Einstellung oder Gewohnheit nicht loskommt, und das alles ist, was ihr erstrebt, wenn ihr in euren ersten drei Siegeln seid und dies das Einzige ist, an das ihr denkt, seid ihr auf einer Zeitachse, um auf all das Schicksal, das damit zusammenhängt, zu treffen.

Niemand setzt euch in den Gasthof zum tänzelnden Pony. Ihr landet dort durch eigene Wahl. Niemand legt euch in ein Bett von Krankheit. Ihr landet dort durch Entscheidung in der Matrix eures gewöhnlichen Denkens. Versteht ihr die Macht, die Liste täglich einzugliedern, beginnt ihr sehr bald wie die Liste zu denken. Ihr werdet in jedem Gott sehen. Ihr werdet in allen Menschen Schönheit entdecken. Ihr werdet lieben und der Liebe Gebende sein, ohne sie im Gegenzug zu erwarten. Ihr werdet feststellen, dass ihr jeden Tag gewöhnlich als diese Liste zu denken beginnt, und wenn ihr das tut, seid ihr nun auf ihrer Zeitachse und sie wird sich an jedem einzelnen Tag manifestieren.

Es ist einfach. Ihr könnt euch entscheiden, am Morgen aufzustehen und eurem eigenen Denkprozess zu vertrauen, um euch einen guten Tag zu geben und euren eigenen Reaktionen den Tag hindurch vertrauen, um sozusagen die Stimmung für den Abend und folgenden Morgen festzulegen. Ihr könnt eurem eigenen Denken vertrauen, um zu sehen, ob ihr es die nächsten fünf Jahre lang durchsteht. Ihr könnt sehen, ob euer Denken gut genug ist, um euch in den nächsten fünf Jahren vor Schaden zu bewahren. Ihr könnt diesem Denken vertrauen oder ihr könnt diese Liste machen. Sehr bald, wie alle großen Meister, werdet ihr dann anfangen, wie die Liste zu denken, und wenn ihr das tut, was könnt ihr dann tun, außer euer Leben entsprechend zu manifestieren.

Die meisten Menschen wachsen in dem Glauben auf, dass Vorstellungskraft eine Art von Nebenwirkung der menschlichen Emotionen ist, und dass man sie nicht für real halten sollte. Nun, das ist eine idiotische Lehre. Das Geschenk der Vorstellungskraft ist genau genommen, wie Realität erschaffen wird, nicht nur in eurem persönlichen Leben, sondern mit dem, was man Gesellschaft und Kulturen im Ganzen nennt. Alle Kulturen, die in der Welt existieren und die ihr benennen könnt, sowohl in der Gegenwart als auch in der Vergangenheit, werden allesamt durch ein Netzwerk von philosophischen Theorien und Träumen erschaffen. Sie sind nicht einfach hochgeschnellt, sie wurden absichtlich erschaffen. In eurer modernisierten Welt gibt es eine Bedrohung, den Geist von Männern und Frauen loszuwerden, im Zusammenhang mit dem träumenden Geist, dem träumenden Bewusstsein, weil es nicht als technisch weise betrachtet wird. Ich sage euch, dass ohne das träumende Bewusstsein von Männern und Frauen die Technologie, die jetzt so gefeiert wird, nicht erfunden worden wäre. Das ist wie das Kind, das die Mutter zu zerstören versucht.

Es gibt viele Menschen, die Träume und Wünsche haben, aber nicht die Leidenschaft, um sie zu erreichen. Leidenschaft ist der Wunsch, der sie immer an der vordersten Front eures Bewusstseins hält, um fähig zu sein, sich durch das Labyrinth banaler Tage des Leidens und der Langeweile zu bewegen und eure Träume nicht aufzugeben. Das ist Leidenschaft. Alle träumen, aber wenige haben die Leidenschaft, sie durchzuziehen.

Das Labyrinth des Eingeweihten und der Strand der Ruhe

Die schöne Küste des Strands der Ruhe war der Ort des größten Labyrinths, das je gebaut wurde. Es existierte an einem heiligen und geheimen Ort durch alle Zeiten hindurch. Das Labyrinth war unterirdisch und lief durch die Kammern einer ganzen Bergkette. Das Labyrinth war der größte Test, der je für Eingeweihte erdacht wurde. Sein Weg führte durch unterirdische Flüsse und Gewässer, und es war schwärzer als die Nacht. Diejenigen, die überlebten, mussten wissen und sich behaupten ohne Panik, Emotionen, Klaustrophobie, Angst vor Dunkelheit, Angst vor Wasser, Angst vor dem Unbekannten, Angst vor dem Fallen und Angst vor dem Sterben. Diejenigen, die furchtlos waren und bereits das Ende des Tests geplant hatten, waren die wenigen Eingeweihten, die diesen großen Test überlebten.

Nachdem sie sich durch die Eingeweide einer ganzen Bergekette bewegt hatten, durch die Wege des Wassers, manchmal schnell und rau, mit nur einem Zoll oder zwei zum Atmen zwischen der Wasseroberfläche und der Höhlendecke, wurden sie erschöpft angeschwemmt. Sie mussten wissen, wann sie um Luft nach oben kommen sollten, wann nicht, und mussten völlig ohne Vorbereitung den langen Fall in eine dunkle Höhle mit stürzendem Wasser wagen. Diejenigen, die überlebten, wurden aus dem unterirdischen Strom auf diesen schönen Sand getrieben. Sie wurden direkt an das Ufer eines ruhigen Sees gespült, einer großen Menge Wasser, die vom Strom gespeist wurde. Sie lagen immer noch dort, starr in ihrer Trance, immer noch im Mittelhirn existierend, immer noch den Traum haltend, und doch hatten sie den größten Test, dem sie sich je unterzogen hatten, bestanden. Da lagen ihre erschöpften Körper, vollkommen dem weißen Sand ergeben, und die sanfte Brandung umspülte ihre Füße. Es war süß. Es war wie der Kuss der Natur, der ihre Füße, ihre Beine, ihre Knie und ihre Hüften streichelte. Das Wasser lief bis zu ihrem Gesicht hoch und vermengte sich mit ihren Tränen. Sie weinten und hatten den tiefgehendsten Glauben an sich selbst, weil sie den Test überlebt hatten. Dann streichelte und liebte die Natur sie.

Das war eine magische Gegend. Es gab immer Nebel, eine große Wolke, die gerne auf dem Berg ruhte, und dann, wenn sie besonders träge wurde, fiel sie in der Nähe der Küste als träge Wolke herab. Ich wage zu behaupten, dass es die gleiche ist, die vor zwanzigtausend Jahren dort war. Sie ist nirgendwo hingegangen. Ihr gefällt es dort, wo sie ist. Diese schöne Wolke liegt auf dem fernen Horizont dieses Gewässers. Das Wasser reflektiert die Wolke, die Wolke reflektiert das Wasser und sie werden Dasselbe. Es sieht aus, als ob dieses Gewässer keinen Bruch hätte und das Himmelsgewölbe selbst wäre. Als die Eingeweihten dort unbeweglich lagen, mit Sand, der anfing, sich auf ihren Augenbrauen festzusetzen und Salz, das auf ihren Gesichtern trocknete, sahen sie diesen schönen Nebel mit den Wellen hereinrollen, die sich erhoben und zurückkamen, und dann zurückwichen, wie ein süßes Flüstern. Dann kam dieser schöne Nebel über sie, und sie atmeten die Wolke selbst ein und atmeten sie dann aus. Es war eine Verjüngung und es war eine Zeit der Ruhe, in der den Eingeweihten gestattet war, dort so lange zu liegen, wie sie wollten.

Dieser Strand des Gewässers existiert noch immer, sogar in dem, was ihr dieses moderne Jahrhundert nennt, und er wird von dieser langen, trägen Wolke beschützt, die nie weggezogen ist. Das große Labyrinth ist immer noch gesund und munter, und nur wenige wurden während eines ganzen Jahrhunderts je dorthin gebracht und sind je hindurch gegangen. Das ist die Geschichte der Großen, und das ist es, wo sie gelandet sind.

Die Samen alternativer Zeitachsen des Potenzials entwickeln

Der größte Lehrer in meinem Leben war die Natur. Da ich sieben Jahre lang nichts zu tun hatte, außer dazusitzen und das Kommen und Gehen der Nacht und des Tages zu beobachten, und all das Leben zu erkennen, das diesen Stunden gehörte, wurde ich ein sehr scharfsinniger Schüler der Natur. Ich verstand in der Tat, dass die Natur eben der Unbekannte Gott meines Volkes war und dass ich ihn schließlich gefunden hatte. Der Unbekannte Gott war kein Wesen. Er war das Leben im Allgemeinen. Die natürliche Ordnung dieser Welt, sogar vor 35.000 Jahren, ist die gleiche Natur, die heute am Werk ist, wenn die Jahreszeiten wechseln und die kühle Luft mit der heißen Luft um Vorherrschaft ringt. Vom Schlaf des Winters kommen die Träume des Winters, die in der warmen Luft des Frühlings hervorbrechen. Alle Blumen, die ihr seht, all die Knospen und das grüne Wachsen, das ihr seht, alles gehörte zu dem Traum dieser Pflanze in der Winterzeit, und alles, was ihr um euch seht, kam von einem Samen.

Wenn wir scharfsinnige Beobachter der Natur werden, dann werden wir in der Tat die größte Kosmologie verstehen, die wir je kennen lernen wollten, die Rechtschaffenheit von Dingen und wie sie wachsen. Wir könnten dann unsere eigenen Prozesse verstehen, weil alles, was auf diese Ebene berufen wird, diese Naturgesetze befolgt. Ob es nun ein Senfkorn ist oder ein Spermium und ein Ei, die zusammen kommen, um ein menschliches Wesen zu schaffen, immer hat der Samen Gesetze, die befolgt werden müssen, damit das Leben blühen kann.

Der Same sieht überhaupt nicht wie sein Potenzial aus, zu dem er schließlich werden wird. Wer könnte sagen, was aus diesem Samen werden wird, wenn wir das Senfkorn oder den Selleriesamen, die kaum sichtbar sind, als durch eine Remote View betrachteten? Ihr müsstet die Kunst wirklich beherrschen, um es richtig hinzubekommen, weil der Affenverstand den Samen betrachten würde und keine Ahnung hätte. Was das anbelangt, würde ein Senfkorn einem Sandkorn am Strand sehr ähnlich sein. Dann würde der Affenstand sofort denken, dass er aus Erdarbeiten oder Strandarbeiten stammt, was euch zeigt, wie viel er weiß. Der Samen enthält das Versprechen von etwas viel Außergewöhnlicherem, der Kette der Erneuerung des Lebens.

Wenn ihr je Samen beobachtet habt, geht es ihnen nicht allzu gut, sie liegen einfach nur auf Küchentheken, Fußböden, auf eurer Anrichte oder auf eurem Schreibtisch in Tütchen herum. Sie können dort jahrelang liegen und immer noch wie die gleichen alten Samen aussehen. In meiner Denkweise ist das etwa so, wie unsere Gedanken und unsere Träume, die jahrelang herumliegen könnten. Wir können die glanzvollsten Gedanken der Welt haben, aber wenn sie nicht zum Keimen gebracht werden, führt das nirgendwo hin. Wenn wir die Samen nehmen und sie mit ihrem natürlichen Boden bedecken - und ihr könntet sogar einen kleinen Samen, ein Senfkorn, nehmen, es auf die Oberfläche legen und dann mit einem Stein bedecken - er wird sofort loslegen. Was ist der Hauptbestandteil des Samens? Dunkelheit. Ist das nicht wundervoll? Das am meisten verdammte Gegenteil des Lichts stellt sich als Lebensspender heraus.

Wenn man irgendeinen Samen nimmt, ihn unter einen Felsen oder ein verfaultes Holzstück legt, ihn unter einem alten stinkenden Tennisball versteckt, und hinausgeht und innerhalb einer Nacht von acht Stunden nachschaut oder am nächsten Tag nachschaut, wird man sehen, dass der Samen geringfügig fetter ist. Wenn ihr nach einer weiteren Nacht oder am nächsten Morgen nachseht, werdet ihr ihn noch fetter sehen, als er am Abend davor war. Wenn ihr in drei Tagen nachschaut, werdet ihr sehen, dass er kleine Beine hat, die aus ihm herauskommen. Der Rest ist Geschichte.

Die Metamorphose eines Samens enthält einen bestimmten Traum - einen bestimmten Traum - und dieser Traum enthält Kontinuität. Anders gesagt liegt im Samen nicht nur der Traum seines Erblühens, sondern der Traum seiner Unsterblichkeit. Im Samen ist nicht nur die Blume enthalten, sondern Generationen von künftigen Blumen, in einem Samen. Was müssen wir tun? Wir müssen das Gesetz der Natur beachten, indem wir ihn an einen dunkeln Ort, in dunkle Erde bringen. Die Erde hat Mikroorganismen von Nährstoffen, die den ersten Keim neutralisieren, den allerersten mikroskopischen Keim. Das ist wichtig, weil der erste Keim die ersten winzigen Moleküle braucht, um den inneren Motor einzuschalten, der den Keim weiter ins Sein bringt. Während er im Dunkeln liegt, erschafft er ein Neuronetz von Wurzeln. Das Neuronetz der Wurzeln wird sein Fundament. So wie das Neuronetz der Wurzelfäden ausgelegt ist und die innere Produktionsanlage eingerichtet und alle passenden Wesen angeheuert sind, bricht er die Oberfläche auf, weil der nächste Hauptbestandteil eine milde Hitze ist. Milde Hitze kann von den Sonnenstrahlen kommen, die den Schoß rund um die Erde durchdringen, wo sie sich verstärken und eine Reibung der Hitze erzeugen; milde Hitze kann aber auch die magnetische Hitze aus den Magnetfeldern der Erde selbst sein. Magnetische Reibung erzeugt Hitze. Wenn die Wurzellinie bereit ist, dann braucht es nur milde Hitze, die von der Sonne kommen kann, und die Strahlen werden durch die Bildfläche rund um die Erde verstärkt, oder durch das, was man das Magnetfeld der Erde nennt. Der Samen durchbricht die Oberfläche, und alles was danach nötig ist, sind Hitze und Wasser. Das ist alles, was nötig ist. Aus diesem jämmerlichen kleinen Samen kommt eine prächtige Pflanze, die so riesig ist, und dann trägt sie. Habt ihr euch je gefragt, wo sie all das Zeug herbekommen hat, um so groß zu werden? Ich tat es.

Mein Nachtvogel befand sich in einem blühenden Strauch, der schön war, aber als er nicht blühte, war er ein Gestrüpp. Er war vielmehr ein hässliches, dichtes, netzartig aussehendes Ding, das dort mit einigen Dornen saß. Der Nachtvogel mochte es, weil es sein Nest vor Jägern schützte, auch mich. Aber dieses hässliche, netzartige Gestrüpp eines Strauchs mit diesen Dornen brachte die exquisiteste purpurne Blume hervor, und sie roch wundervoll, so, als ob man die subtilen Düfte von Hibiskus und Jasmin vermischte. Ich hatte nichts Besseres zu tun, als diesen hässlichen Strauch zu beobachten, wie er mir eine schöne Vorstellung bot. Ich bekam zu sehen, wie dieses graue, rindige Ding eine purpurne Blume erzeugte, die duftete. Ist das nicht erstaunlich? Ich hatte viel Zeit, um darüber nachzudenken, weil er in jeder Jahreszeit meinen Platz übernahm. Ich liebte ihn zu sehr. Er wuchs in mir und um mich. Er war für mich ein großartiger Lehrer, und ich dachte über die Metamorphose des Hormonkörpers in der Natur der Dinge nach. Die Blume blüht und in ihrem Blühen hat sie sich selbst auch in der Form des Samens und der Pollen erschaffen und regeneriert, damit der Samen getragen und zum Keimen gebracht werden kann, um in die Hand eines anderen zu fallen und ihn sich über die gleiche Sache wundern zu lassen, denn dieser Samen hat Unsterblichkeit bewahrt. Wir können also die Analogie verwenden, dass der Winter die Zeit ist, in der der Samen schläft und sich ausruht. Wenn es kalt ist, wächst er nicht. Wenn er sich in kaltem Boden befindet, träumt er. Das tut er absolut. Ein Senfkorn hat Bewusstsein und es träumt, und wenn alle Bedingungen richtig sind, dann wird der Traum verwirklicht.

„Ich bin erfüllt von vitaler Energie" ist ein Samen. Wir als menschliche Wesen im Hier und Jetzt kennen all diese Worte oder können sie in die verschiedenen Sprachen übersetzen. Sie sind bereits seit langer Zeit herumgehangen. Wenn wir sie in einer zusammenhängenden gegenwärtigen Aussage zusammenbringen, „Vitale Energie bin ich", werden sie zu sehr machtvollen Potenzialen. Wie vermehren wir vitale Energie in einem hässlich grauen Dornenbusch, der ihr seid, und bringen eine purpurne Blume zum Blühen? Wir müssen den Samen nehmen und ihn dem Gehirn übergeben. Die einzige Weise, wie dieser Samen im menschlichen Gehirn verbreitet wird, ist das menschliche Gehirn mit Dunkelheit zu bedecken. Das Gehirn ist tatsächlich im Licht, wenn es mit dem Neurotransmitter Serotonin gefüttert wird, dem Neurotransmitter des Tages, und es schaltet alles ab, wenn es Melatonin bekommt, den Transmitter der Nachtzeit. Da die Erde zum Aktivator wird, damit der Samen zu wachsen beginnt und seine Neuronetzwurzeln erzeugt, bietet Melatonin die fruchtbare Umwelt der Dunkelheit, damit dieser Spruch zusammenhängend werden kann und sein Fundament geformt wird. Er muss ein Neuronetz haben und muss vollständig sein. Genau jetzt könntet ihr sagen: „Aber ich habe all diese Worte in meinem Gehirn, also habe ich eine neurologische Verbindung zu ‚ich' und ‚bin' und ‚fruchtbar' und ‚vital' und all das." Das ist wahr; ansonsten könnten wir diese Worte oder das, was sie repräsentieren nicht kennen. Wenn wir diese Neuronetze miteinander vereinen, erschaffen wir ein Netzwerk, ein tatsächliches Wurzelsystem. So ahmen wir die Natur nach.

Wenn ich euch ansehe, ist „Ich bin vitale Energie" bis jetzt kein Wurzelwerk in eurem Körper, denn wäre es so, würdet ihr genau jetzt vitale Energie haben, weil dies das neurologische Netz wäre, das in diesem Gehirn feuern würde. Wenn ihr das Wurzelsystem dieses Samens gegenwärtig hättet, würdet ihr nicht müde sein, denn jedes Mal, wenn ich „vitale Energie" sage, würdet ihr leuchten, und das tut ihr nicht. Wir haben den Samen in der Dunkelheit zur Vermehrung eingerichtet und bewirken das Wurzelsystem.

Melatonin und Serotonin werden hauptsächlich im Gehirn vom sechsten Siegel, der Zirbeldrüse erzeugt. Die Zirbeldrüse ist direkt mit den Augen verbunden. Anders gesagt besetzt die gleiche Art von Zellen, welche die Zirbeldrüse belegen, auch die Augen. Viele Menschen haben interpretiert, dass das dritte Auge die Zirbeldrüse ist, die durch das Auge schaut. Daran ist etwas Wahres. Sie misst Licht und Dunkelheit und sowie die Augen geschlossen sind und kein Licht sehen, verwandelt die Zirbeldrüse Serotonin in Melatonin. Melatonin lässt euch langsamer werden und bringt euch in die Ruhe. Es ist der Vorläufer von Pinolin, das tiefen Schlaf bringt. Wenn es euch langsamer macht, erlaubt es euch, ins Twilight® zu gehen, einen lebendigen Traumzustand. Um das Wurzelsystem jedes Samens im Gehirn festzulegen, müssen wir Dunkelheit haben. Die Dunkelheit ahmt das Ausbringen des Samens in die Erde nach. Wenn ihr sagt: „Ich bin erfüllt von vitaler Energie", und jedes Wort präsent und fokussiert ist, haftet daran das Bild des erblühenden Samens.

Die wichtigste Sache ist dabei rechtschaffen zu sein, die Liste früh am Morgen und spät am Abend ordentlich zu machen. „Das ist es, was ich in meinem Leben manifestieren will. Das ist die Landkarte meiner Erleuchtung und Langlebigkeit.“ Wenn ihr sie mit dieser Art Wertschätzung behandelt und korrekt macht, werdet ihr das Wurzelsystem formen. Es ist die neue Zeitachse. Mit anderen Worten wird der Körper sich in vitale Energie verwandeln, weil das Neuronetz dort ist und die Blume blüht. Wenn ihr es nicht tut, dann liegt der Same für hundert Jahre herum. Er wird nie in fruchtbaren Boden eingesetzt und bekommt nie milde Hitze, damit er an die Oberfläche durchbrechen kann. Daher verdient ihr nichts davon, weil ihr das Wurzelsystem nicht eingerichtet habt. Ihr habt im Grunde genommen das Naturgesetz selbst nicht befolgt. Ihr seid nicht weiser als die Natur. Woher weiß ich das? Weil für viele von euch diese Bäume außerhalb dieser Türen da waren, bevor ihr geboren wurdet und für die Jüngsten von euch immer noch in ihrer Jugend wachsen werden, wenn ihr euren Tod findet. Nun, wer ist der Weiseste, ihr oder dieser Baum? Es ist der Baum, weil der Baum nur weiß, wie man lebt, und wenn ihr ihn betrachtet, wird er euch viele wundervolle Dinge lehren.

Seid ihr krank? Seid ihr verkrüppelt? Seid ihr lahm? Seid ihr dumm? Seid ihr langsam? Seid ihr ungehobelt? Egal wie ihr zu sein glaubt, es kann alles geändert werden, indem die richtigen Samen im Gehirn angepflanzt und bewusst chemisch im Körper zum Erblühen gebracht werden. Seid ihr es leid, krank zu sein? Dann ändert es. Seid ihr es leid, langsam zu sein. Ändert es. Seid ihr es leid, alt zu werden? Ändert es. Pflanzt einen Samen und lasst ihn blühen, und tut das jeden Tag.

Wenn ihr dabei kleine Schwierigkeiten habt, denkt an meinen Strauch, die dornige, graue, netzartige Masse, in der ein schöner Vogel über Generationen hinweg lebte und mir jede Nacht etwas vorsang und wie etwas so Verwahrlostes eine derart schöne Blume hervorbringen konnte. Denkt daran. Wenn wir unsere Körper in irgendeiner Weise verändern, muss die Veränderung im Körper eine chemische Veränderung sein. Anders gesagt ist der Körper ein Sack Chemie. Die Pflanze, dieser Strauch, war ein Sack Chemie, genau wie ich. Der einzige Unterschied zwischen uns war das Programm im Samen. Das war der einzige Unterschied. Diese Pflanze und ich wir waren uns sehr nahe, weil wir die gleiche Frequenz teilen und wir beinahe die gleiche chemische Basis teilen. Was mich anders machte, war mein genetischer Baum, meine DNS. Meine DNS war anders gestaltet als die DNS der Pflanze, aber wir hatten beide an der DNS teil. Ich war anders gestaltet durch andere positive und negative Pole, die molekulare Chemiestoffe als chemische Masse produzierten, die sich von jener der Pflanze unterschied, doch teilen wir die gleiche DNS. Interessant, nicht?

Das ist es, was ihr verstehen sollt. Was die purpurne Blume aus diesem holzigen, verstrickten Chaos hervorgebracht hat, war die Blume, die aus dem chemischen Zustand dieses holzigen Chaos hervorkam, die Chemie für rotes, samtenes Gewebe mit einem weißem Mund, gelbem Staubgefäß und einem betörenden Duft. Ich sage euch, wenn diese Pflanze in der Nacht blühte und dieser Vogel sang, war ich glückselig. Ich wurde mit der allerschönsten Musik bombardiert, die ich je gehört hatte, außer einem Flötenspieler in der Schlacht, und vom betörendsten Duft, den Frauen in all ihrer Schläue nie nachahmen könnten.

Wie also hat er diese Blume erzeugt? Ich habe mir diese Fragen gestellt. Es kam mir in einer Erleuchtung, dass wir die gleichen Chemiestoffe teilen. Die Blume besteht aus dem gleichen chemischen Prozess, der sich in der holzigen Struktur des Strauchs befindet. Was diese Chemiestoffe veränderte, um diese Blume in einer Reihe von Farbe, Textur, Gestalt und chemischem Duft zu erzeugen, war ein Programm im Samen. Ich verstand, dass das Bewusstsein im Samen das gleiche Bewusstsein war, das ich teilte, und dass er sich entschieden hatte, zu erblühen. Das waren sein Plan und sein Schicksal. Als er sich entschied, als ein Programm im Samen zu erblühen, kam diese Entscheidung von einem bewussten Wesen, das seinem Nervensystem Signale sandte, um das Vorhergehende aufzulösen und Wachstum neu zu arrangieren. Das Vorhergehende aufzulösen bedeutete, dass es in seinem eigenen Körper jene chemischen Bestandteile auflöste, die sich erneut bilden würden, um die Blume, ihre Textur, ihre Farbe und ihren Duft zu formen. Es war Bewusstsein, was das tat. Denkt darüber nach. Die Blume kam von der Rinde und die Rinde kam von einem Samen, jeweils aufgebaut durch Bewusstsein.

Was ich euch sagen möchte, meine geliebten Leute, ist, dass ihr nicht jenseits von Erlösung im Körper seid, was bedeutet, dass ihr nicht hilflos seid, wenn es um den Tod und die biologische Uhr geht. Ihr seid auch nicht hilflos, wenn es um die destruktive Macht eures emotionalen Instinkts bei der genetischen Akzeptanz eurer Eltern geht. Stress wird Krebs in eurem Körper hervorbringen. Er wurde so programmiert. Ihr seid nicht hilflos, und mit Wissen könnt ihr verstehen, wie das zu verändern ist. Wir haben einige ungeheuerliche Samen auf dieser Liste.[2] Ich sage euch, dass ihr den Samen sogar pflanzen könnt, um die Zeit in eurem Körper zurückzudrehen und ihn zu ewiger Jugend zurückzubringen. Ewigkeit eures sterblichen Zustands bedeutet, dass ihr zweihundertundfünfzig Jahre lang leben könnt, das ist eine ungeheuerliche Aussage. Ich sage euch, es gibt Meister, die seit 35.000 Jahren am Leben und niemals gestorben sind. Dieses Wunder ist das gleiche Wunder, wie eine purpurne Blume, die aus der Rinde eines struppigen Strauchs hervorkommt. Es ist das gleiche Wunder.

All diese Dinge könnt ihr werden. Wenn das Wurzelsystem im Gehirn richtig eingerichtet ist, klinkt sich das Neuronetz ein. Gewöhnlicher Gedanke wird, wenn ihr es am wenigsten erwartet, einen dieser Sprüche in eurem Geist hervorbringen, und ihr werdet vor Freude lachen, weil es, wenn es für euch gewöhnlicher Gedanke wird, der Same ist, der gepflanzt wurde. Ein nicht korrumpierbarer Körper wird aus den gleichen Chemiestoffen wie der korrumpierbare Körper geformt, aus der gleichen DNS, aus demselben elektrischen System. Es ist nie zu spät. Es ist mir egal, ob ihr neunundneunzig Jahre alt seid, ihr habt die Macht, euren Körper in der Zeit zurückzudrehen bis zu der Zeit, als ihr zehn Jahre alt wart. Alles, was wir tun müssen, ist den Samen zu pflanzen und gewissenhaft zu sein, damit er in der Dunkelheit bleibt und eine milde Hitze bekommt, um mit dem Blühen zu beginnen. Die milde Hitze kommt mit unserem Lachen.

Wenn wir plötzlich diesen Spruch aus gewöhnlichem Gedanken produzieren, und wir den gewöhnlichen Gedanken erwischen, ist es die Freude unseres Wesens, was die akzeptierte Liebe dessen ist, was wir im Winter gepflanzt haben und was im Frühling erblühen wird. Es gibt niemanden, der nicht zu jedem Alter regeneriert werden könnte, wenn er es wünscht, und es gibt niemanden, der all seine Haare verloren hat und sie nicht durch den genetischen Code wieder zum Wachsen bringen könnte. Ihr könnt das alle. Es gibt niemanden, dessen Augen geschädigt wurden, der nicht neue Augen und neue Sehkraft, neues Hören, neue Herzen, neue Organe und neue Gliedmaßen neu bilden kann, weil sie Chemie sind. Ihr geht umher und seht so ausgeleiert aus, weil ihr ein Produkt eures Denkens seid. Seht euch an. Euer Körper sagt euch alles darüber, wer ihr seid und wie ihr denkt. Es braucht keinen Mystiker, um das zu wissen. Es ist offensichtlich.

Ich liebe einen beherzten Mann und ich liebe eine rechtschaffene Frau. Ein beherzter Mann ist jemand, dessen Wille so stark ist, dass er größer ist als zehntausend Breitschwerter, und ganz gleich, wie groß die Hitze des Gefechts ist, er wird niemals aufgeben und ihr werdet ihn nie erwischen. Wenn ihr versucht, ihm sein Leben zu nehmen, werdet ihr ihn nie erwischen. Er wird nie abschwören. Das ist ein beherzter Mann voller Willen, den ich liebe, und er ist die Substanz der Großartigkeit. Eine rechtschaffene Frau ist eine Frau, welche die richtige Verwendung von Wissen wählt und es mit Eifer jeden Tag anwendet. Egal, wie leer der Küchenschrank, die rechtschaffene Frau weiß, dass er gefüllt ist. Das ist eine rechtschaffene Frau, und das ist der Grund, warum sie sich um das Heim, den Herd und die Kinder so gut kümmert, weil angesichts ihrer Fürsorge es nichts gibt, das diejenigen in ihrer Obhut von ihr trennt. Das ist eine rechtschaffene Frau. Rechtschaffenheit und beherzt sein sind angeborene Eigenschaften beider Geschlechter, aber es braucht ein wahrlich bemerkenswertes Wesen in diesen Tagen eurer Zeit, um sie zu haben, weil eure Technologie euch fett und faul gemacht hat. Die Überfülle an Nahrung hat euch bezüglich des Herdes und denjenigen in eurer Obhut sorglos gemacht. Ein beherzter Mann ist schwer zu finden, weil er in seinen unteren Siegeln eingeschlossen ist und sehr selten den Geist der Entschlossenheit hat. Was nötig ist, um den Samen in die Blume zu verwandeln, ist die Beherztheit desjenigen, der dies halten, den Garten kultivieren, die Samen pflanzen, die Erde umgraben und das Unkraut täglich jäten wird, damit der Garten Früchte tragen kann. Es spielt keine Rolle, was jemand anderer tut. Es spielt keine Rolle, ob die gesamte Erde karg ist, sie werden den Garten haben. Das bedeutet, dass derjenige, der sich den Blumen Gottes widmet, sich selbst als den ganzen Garten sieht und sich täglich um ihn kümmert und sicherstellt, dass er wächst. Die rechtschaffene Frau, die die Blume pflückt, wird sicher stellen, dass diese Samen gepflanzt sind und Früchte tragen werden für die Verantwortung und Liebe, die in ihnen erzeugt wird.

Alles, was wir brauchen, ist dies in die Aktion zu bringen, und dann haben wir neunzig Jahre alte Menschen, die zu ihrer Jugend zurückkehren, kranke Menschen, die ihre Organe neu bilden, blinde Menschen, die sehen, taube Menschen, die hören, und engstirnige Menschen, die nun offen sind, und alles, weil sie den Garten hegen. Ich liebe das, denn wie viel ungeheuerlicher war der Wunsch, der Wind zu werden? Als ich den blühenden Strauch beobachtete und sah, wie diese Blume mit ihrem Duft aus seiner Seite kam, denkt ihr nicht, dass ich am Ende der sieben Jahre erkannte, dass ich alles tun könnte, weil alles, was ich tun musste, war, es in meinem Geist zu ändern, dann folgte mein Körper dicht auf den Fersen. Was meint ihr, wie ihr der Wind werdet? Der gleiche Prozess, so geht es.

Die größte Abschreckung: ein schlechtes Gewissen

Es ist sehr schwierig, mit einem schlechten Gewissen oder einem beladenen Gewissen im Königreich des Himmels zu manifestieren. Ein beladenes Gewissen bedeutet üblicherweise, dass ihr, wenn euer Gewissen euch plagt, jemand anderem etwas Unentschuldbares angetan habt: Ihr habt ihn untergraben, betrogen, falsch über ihn gesprochen, ihn ausgenutzt oder missbraucht. Missbrauch kommt nicht von der Spitze eines Schwertes, einer Neunschwänzigen Katze, einem Kurzschwert, einer Schlachtaxt, einem Säbel, einer Kanone oder einem nuklearen Sprengkopf. Missbrauch kann eine sehr subtile Waffe zum Verletzen eines anderen sein. Ihr könnt diese Arbeit nicht mit einem beladenen Gewissen tun. Wenn euer Gewissen euch belastet, wird es die größte Abschreckung vom Großen Werk sein, weil es bedeutet, dass eure Seele wegen eures Verhaltens alarmiert ist und eure Seele weiß, dass ihr vom Weg abgewichen seid. Diese Pein oder dieses Schmerzen in der Seele, in eurer Brust, wo sie hingehört, sendet Botschaften durch das Kleinhirn, das Unterbewusstsein. Diese beginnen, in euren Träumen hochzukommen, weil dann das Unterbewusstsein Gelegenheit hat, den Körper zu heilen, aber auch die Seele zu heilen. So habt ihr Träume und Vorzeichen, die euch die Fehler eurer Wege reflektieren wollen. Menschen haben Schlafschwierigkeiten, weil sie von ihren Träumen geplagt werden. Während des Tages unterdrücken die meisten Menschen ihr Gewissen, das sie beunruhigt, sie verbergen es und verwenden den Ausdruck Selbstmangel, Selbstwert. Das wird im Neokortex so umgewandelt, dass ihr euch nicht würdig genug findet, um das Werk zu tun. Das Gefühl von Selbstwert und dessen Mangel ist eine intellektuelle Abmachung über die Warnung der Seele, ein Alarmsystem, dass ihr betrogen und untergraben oder sonst irgendwie jemand anderem Schaden zugefügt habt. Ihr habt dies indirekt im Bewusstsein - nie direkt - gerechtfertigt und die Warnsignale sind indirekt der Mangel an Selbstvertrauen und Selbstwert, der den Fokus ablenkt. Der Fokus gelangt nie wirklich in einen analogen Zustand, weil es da ein Gefühl in euch gibt, dass ihr es nicht wert seid.

Ich möchte euch etwas sagen: Gott ist Liebe. Gott ist ein Gebender, kein Nehmender. Wenn wir von der Würde und der Achtung anderer nehmen, sind wir nicht gottgleich. Wenn wir die Stabilität, die Fruchtbarkeit, die Schönheit, die Freundlichkeit, die allgemeine Ganzheit eines anderen Individuums untergraben, handeln wir nicht als Gott; wir handeln als elende Geschöpfe. Das Elend unseres Wesens ist dann das, was uns davon abhält, das Königreich des Himmels zu manifestieren. Dort finden wir den Schlüssel zu Langzeitdepressionen. Das Wesen hat irgendwo entlang des Weges ein anders Wesen verletzt, es unterdrückt und das hat sich als

Mangel an Selbstachtung im menschlichen Bewusstsein selbst geformt. Deshalb fühlt es nie, dass es Freude oder Glück verdient, weil es sich selbst ein einfaches Geständnis verwehrt, weil es nicht zu sagen wagt, was es um des Stolzes willen getan hat. Stolz ist ein derart machtvolles Geschöpf, dass es euch vom Königreich des Himmels abhalten kann. Es kann euch davon abhalten, Gottes wundervollste Fülle zu manifestieren. Es kann euch davon abhalten, ein langes und erfolgreiches Leben zu führen, und es wird euch vorzeitig altern lassen.

Das Großartigste, das wir tun können, ist zu verstehen, dass wir als Gebende handeln, wenn wir als Gott handeln. Wir geben. Geben bedeutet nicht, dass ihr ein Narr seid. Geben bedeutet, allen Raum zu geben, um zu sein, wer sie sind, allen Verständnis zu geben, allen Hoffnung zu geben, weil es das ist, was ihr braucht. Wenn ihr Menschen diese Art Maß gebt, ist das gottgleich, dann gebt ihr ihnen genau, was die Seele für euch selbst verlangt. Dann sind wir rechtschaffene Wesen. Wir sind rechtschaffen, die rechte Verwendung des menschlichen Bewusstseins. Wenn wir schlafen gehen, werden wir von unseren Träumen nicht geplagt. Wir fürchten uns nicht vor dem, was die Nacht bringt oder was der Tag bringt. Wir schlafen in süßer Ruhe, wissend, dass wir im Busen Gottes verweilen, und dass wir keinem Geschöpf geschadet haben, noch einen Menschen untergraben oder für jemand einen Weg mühsamer oder schwieriger gemacht haben. Von dem, worauf wir fokussieren, können wir sagen, dass wir diesbezüglich klar sind und wir können sofort in einen analogen Fokus gehen, weil wir es wert sind, das zu tun. Und wer sagt, wir seien es wert? Wir selbst, die größten Richter und Geschworenen, die es gibt, denen ihr nie entkommen könnt.

Welche Indiskretion hat irgendjemand begangen, die so groß ist, um euch davon abzuhalten, die Früchte des Königsreichs eures Vaters zu genießen? Was hat er getan, das so groß ist, dass es euch dazu bringt, einzudringen und euer eigenes Leben zu untergraben? Ist Rache süßer als unsterbliches Leben? In der Tat, ist schlau und manipulierend zu sein süßer als geheilt, perfekt und klaren Geistes zu sein? Ist das wichtiger? Es scheint so. Ich sage euch, meine geliebten Leute, es gibt keinen Mann und keine Frau, die auf der Oberfläche der Erde wandeln, es ist mir egal, wer sie sind, die es wert sein sollten, dass ihr eure Würde, eure Ehre und eure Macht darüber verlieren solltet. Ich meine, dass niemand eure Verdammung wert sein sollte, niemand sollte eure Versuchung zu manipulieren wert sein, niemand sollte euer Bedürfnis gegen ihn falsches Zeugnis abzulegen wert sein, und niemand sollte so wichtig sein, ihn zu untergraben, euer eigenes Leben und euer Glück zu riskieren, da eure Seele aufschreit, wenn ihr das tut. Es ist schmerzhaft. Es ist ein Kummer, der nie käuflich ist, und den kein Ruhm der Welt lindern kann. All die Männer und Frauen in der Welt werden nie fähig sein, ihn von euch wegzunehmen. Es ist ein Schmerz, den nicht einmal der Tod stillen kann, weil er euch auf die Ebene der Glückseligkeit begleiten wird.

Es gibt viele von euch, die sich dessen, worauf sie fokussieren, nicht wert fühlen, und ihr empfindet keine Freude, weil ihr nicht fühlt, dass ihr es wert seid, es zu bekommen. Das Problem ist, dass ihr ein beladenes Gewissen habt und all das hat mit einem kleinen oder großen Ding zu tun, wie ihr es auch sehen wollt, das ihr erschaffen habt, um dem Leben eines anderen Menschen zu schaden oder es zu erschweren. Wenn ihr aufhören könnt, eure Spiele zu spielen und es einfach betrachtet, euren Gott bittet, euch zu vergeben und euch die Boten des Vergebens zu senden, werdet ihr wissen, wann dieser Auftrag erledigt ist, weil ihr eine unglaubliche Leichtigkeit des Seins fühlen werdet. Und damit kommt eine Freude, die solchen Kummer und solche Schwere von eurem Gewissen genommen hat, um als Manifestation auszureichen. Das ist ein Befreier. Dann seid ihr zurück in eurer Göttlichkeit. Gebt, aber nehmt nie. Seid ehrenhaft und nie unehrlich. Seid ehrlich, nicht schlau. Seid gelassen und einfach das, was ihr in den Tiefen eures Wesens seid. Ihr seid in eurem Wesen nicht böse. Kein Wesen wurde je böse erschaffen, weil es aus dem Void erschaffen wurde. Das ist nicht böse. Es gibt nichts Derartiges. Im Kern eures Wesens liegt Göttlichkeit. Wenn ihr euch dieser Lasten durch euer eigenes einfaches Geständnis entledigt habt, werdet ihr feststellen, dass der Rechtschaffenheit und den Früchten eures Heiligen Geistes nichts im

Wege steht. Sie werden in unbegrenztem Maß zu euch fließen, weil ihr es wert seid. So sei es.

Keiner von euch ist ein großes böses, schreckliches Wesen, aber es fühlt sich so an. Denkt darüber nach. Vielleicht könnt ihr, wenn ihr eure Liste macht, euren Heiligen Geist anflehen, euch Klarheit darüber zu geben, was schwer auf eurer Seele liegt - fragt, ihr werdet es bekommen - und dann bittet erneut, um Weisheit über euren Fehler zu erlangen. Wenn ihr es tut, werdet ihr es wissen. Dann seid ihr frei. Entlang des Weges sind das die Dinge, die alle lernen. Es sind die Fehler in unseren Leben, die uns Weisheit bringen. Erinnert euch daran.

Als ich diese purpurne Blume wurde

In meinem Leben habe ich kein Elixier genommen - keines. Ich war berauscht vom Unbekannten Gott. Am Anfang war er mein Feind, der Schöpfer der Menschheit. Am Ende war er meine wahre Liebe, der Spender des Lebens, mich eingeschlossen. Er war das Zentrum meines Fokus. Wie es bei Männern und Frauen üblich ist, sind Feinde immer näher als diejenigen, die sie zu lieben behaupten. Man liebt seine Feinde mehr als seine Lieben, weil die Feinde mehr Fokus, mehr Anstrengung und mehr Überlegung beanspruchen, als angeblich diejenigen, die ihr zu lieben behauptet. Ist das nicht eine weise und logische Aussage? Hier begann mein Feind als Gott, als der Unbekannte Gott, das lächerliche Wesen meines Volkes, das ihr Land untergehen, ihre Großartigkeit verschwinden und den elenden Aspekt der Menschheit die Vorherrschaft übernehmen ließ. Wenn der Unbekannte Gott diese rechtschaffenen Menschen meines Erbes so liebte, warum gingen dann sie und in der Tat ihre großartigen und wundervollen Fähigkeiten unter, angesichts und zuliebe der Technologie? Es geht euch näher, wenn diejenigen, die euch am nächsten sind, zerstört werden, die Mutter, die euer Leben hervorgebracht hat als die Frucht ihres Leibes und die Geschwister, die mit euch eine genetische Prägung teilen.

Als kleiner Junge hasste ich den Unbekannten Gott, die Herren des Gewölbes über Himmel und Erde, mit solchem Zorn. Es gibt keine Macht wie die Macht eines Kindes, weil sie nicht korrumpiert und ohne Logik fokussiert ist, und das war mein Vermächtnis. Es war ein gesegnetes Vermächtnis, weil Gott mein Feind und der Mittelpunkt von allem war, was ich tat. Er überwog jede Art von Gesellschaftsleben, für das ihr heute so energisch kämpft, um daran festzuhalten. In meinem Leben gab es kein Gesellschaftsleben. Diese Figur, dieses Rätsel besetzte die Gedanken des Ram sein ganzes Leben lang bis zu dem Tag, an dem ich diesen Ort verließ.

Was am Anfang jämmerlich war, wurde für mich das Wertvollste. Als ich mich über meine Genetik und mein Wissen hinaus erweiterte, wurde ich zu dieser purpurnen Blume auf diesem dornigen, unbedeutenden Gestrüpp, das den schönen Singvogel beherbergte. Ich war nachts in der Melodie dieses Vogels gefangen, tagsüber von der wundervollen Fürsorge für seine Kinder, und der Gefährte des Gestrüpps in seiner Hässlichkeit und Gruseligkeit, nur um mich mit duftendem Rausch und der Melodie des Vogels zu überraschen. Erst als ich es wagte, sie in meiner Welt und meinem Geist zu akzeptieren, wurde ich sie, verstand ihr Geheimnis, verstand, welch symbiotische Beziehung sie hier hatten und was sie wirklich zusammenhielt: die purpurne Blume, der Strauch und der Vogel, seine Melodie und sein Duft, und ich, der dort neben ihnen saß.

Es waren solch kleine Erfahrungen, die mich absolut und vollkommen gefangen nahmen. Sie erlaubten mir, dem Gefängnis meines Hasses, meines Vorurteils zu entfliehen und erlaubten mir, in ein viel milderes Klima zu flüchten, ein viel milderes Bewusstsein. Als ich das tat, verstand ich die Frauen, die zum Fluss hinunter gingen, ihre langen Röcke raffen, ihre Leinen wuschen oder diese feine Leinen unter Wasser webten oder ihre Babys badeten. Erst als ich Leben sein konnte, konnte ich es verstehen. Im Verstehen und Sein verstand ich Gott, den Unbekannten Gott, ein gesichtsloses Wesen, nur um in einer Million Funken safranfarbenen Staubs gefangen zu sein, der hohen Note eines schönen Vogels, und dem tiefen Schlund einer purpurnen Blume. Dort fand ich ihn schließlich und ich fand mich in seiner Mitte.

Ich musste nichts einnehmen, um zu sein, was ich wurde, weil ich nichts brauchte, um mich in meinem Fokus auszurichten. Er war bereits für mich ausgerichtet. Ich wich nicht vom ausgetretenen Pfad ab und wurde nicht fanatisch. Ich wich nicht von meinem ausgetretenen Pfad ab. Ich habe nichts davon getan. Ich genoss die Entfaltung. Niemand sagte mir, dass ich dies tun müsste, weil ich keinen Lehrer hatte, der mich diese Dinge lehrte, nur das Leben. Was euch das beweist und euch vielleicht inspiriert, die ihr keinen zentralen Fokus habt und darum ringt, einen zu bekommen, ist, dass der vielleicht einzige Feind, den ihr je hattet, ihr selbst wart, doch dieser Feind ist in hundert Reflexionen eurer Familie und dem, was ihr liebt, hasst, mögt und nicht mögt, eurer Vergleiche, eures Essens, eures Weins oder eures Drogenmissbrauchs gefangen. Ihr seht, ihr seid zerstreut. Der Feind ist überall, weil ihr der Feind seid, und ihr habt nicht die Dynamik, mit der ich in mein Leben kam. Ihr wart nicht damit gesegnet, ein Mordsleben zu haben. Ihr wart nicht damit gesegnet, in einer Zeit des Weltchaos zu leben. Ihr wart nicht damit gesegnet, in einer Zeit des Hungers, der Erde, die unter euch auseinander bricht, sagenhaften Städten, die über Nacht einstürzen und Tyrannei, die überall um euch aufkommt, zu leben. Ihr seid nicht aus dieser Art Feuer gekommen. Ihr seid von einem ganz anderen Feuer gekommen, einem, das euch in den Schlaf lullt, in eurem Komfort, und dem Bedürfnis nach Anerkennung. Menschen werden nur berühmt, weil sie anerkannt werden wollen. Ob dieser Ruhm weltweit ist oder in eurer Familie oder in eurer Nachbarschaft besteht, er ist ein großer Indikator einer Krankheit, einer großen Krankheit.

Ihr kommt her und bekämpft einen Feind, der ihr selbst seid, weil ihr so unwissend seid. Wenn ihr euch allmählich dem Feind in euch stellt, kommt ihr zu einem singulären Fokus. Darum geht es in der Schule. Das ist die Eroberung dieser Reise und dieses Feindes. Er erfordert viel, um euch einfach dazu zu bekommen, auf das zu fokussieren, was das Wundervolle in eurem Leben ist. Es erfordert viel, euch von euren Krankheiten wegzuziehen. Es erfordert viel, um das Streiten für eure Begrenzungen wegzudiskutieren. Es erfordert viel Bemühen. Wenn ihr singulär fokussierte Wesen wärt, würden wir das hier nicht haben. Wir würden bereits gut auf unserem Weg sein.

In meinem Leben war ich in Ekstase für den Unbekannten Gott, weil ich ihn in allem fühlte und ihn am Ende meines Lebens vollkommen verkörperte. Ich kann euch geradewegs sagen, dass ich als Ramtha erleuchtet wurde, weil ich nie ein Heuchler für mich selbst war - nie. Ich habe nie intellektualisiert, warum ich ein Eroberer, ein Mörder war, warum ich das Breitschwert haben sollte, warum ich erobern sollte. Ich tat es einfach, weil es der Prozess des zentralen Teils meines Fokus war, ein Hass für das Leben. Das war genug. Ich musste nicht psychoanalysiert werden, um die eigentliche Ursache zu finden. Ich kannte sie. Als meine Transformation kam, musste ich nichts tun, weil ich dem Feind bereits gegenübergetreten war. Und weil ich nicht so viele Fantasien über mich erfunden hatte und so viele Geschichten über mich erzählt hatte, die Lügen waren - das tat ich nie - hatte ich nichts, was ich durcharbeiten musste. Also war ich klar und verkörperte das. Niemand sagte mir, dass ich es nicht könnte. Niemand sagte mir, es wäre unmöglich, noch habe ich jemanden gefragt, ob es das wäre. Sollte ich meine Generäle fragen, ob es unmöglich wäre, der Wind zu sein? Ich mag ein einfacher Barbar gewesen sein, aber ich verstand, dass man nicht fette alte Männer nach den Wundern des Unbekannten fragt, da sie, würden sie sie kennen, keine fetten alten Männer wären. Es ist sehr einfach. Ich habe nie gefragt. Ich war es einfach.

Was ich euch gelehrt habe, ist, dass jeder einzelne von euch verwandelt werden kann. Ihr könnt bis ganz nach Hause gehen, und ganz nach Hause, das ist das Erblühen Gottes in der Menschheit. Darum geht es bei Christus. Ihr seid euer Erlöser. Genau das Geschöpf, vor dem ihr wegzulaufen versucht, ist genau das Geschöpf, das euch in den Busen Gottes zurückbringen wird. Derjenige, den ihr erwischen und retten müsst, seid ihr selbst.

Von alldem, was ihr wichtig gefunden habt, sollte das vielleicht Wundervollste die Erkenntnis sein, dass ihr euer eigener Feind seid. Das sollte die größte Lehre von allen sein, weil wir dann nicht weiter suchen müssen. Wir finden ihn in uns, und ihr seid gut ausgestattet dafür, wie man Mangel, Unsicherheit und Hass besiegt. Euch wurde gelehrt, wie man das schlechte Gewissen besiegt, das ihr tragt, die Bosheit, die ihr tragt. Euch wurde gelehrt, wie man all diese Dinge besiegt. Schließlich habt ihr die Werkzeuge bekommen, um euch selbst zu erobern, und das ist alles, was ihr tun müsst. Für viele von euch ist das eine schreckliche Schlacht, weil es euch so gut gedient hat, Opfer zu sein. Das hat es. Eure Gewohnheiten haben euch so gut gedient, weil es euch gefällt, Menschen aufzuregen und zu sagen: „So bin ich eben." Nun, regt nicht mich auf und sagt das, weil ich weiß, dass ihr eben nicht so seid. Es hat euch gedient, komplex zu sein. Es hat euch gedient, dumm zu sein. Es hat euch gedient, euer Image zu sein. Es hat euch gedient, zu leiden, weil ihr im Leiden andere Menschen zum Leiden gebracht habt. Es hat euch gedient, gehässig und nachtragend zu sein, aber andererseits hat es euch auch gedient, liebevoll und versöhnlich zu sein. Es hat euch gedient, Bedenken zu haben und es hat euch gedient, Leidenschaft für das Große Werk zu haben. Ihr müsst nicht mehr da draußen suchen. Der Feind ist nicht da draußen. Er ist in euch, genauso wie der Erlöser in euch ist.

Wenn ihr den Psychiater und den Parapsychiater fragt, ob das richtig ist, werden sie euch sagen, dass ich den Verstand der Bürgerschaft strapaziere und euch von unmöglichen Dingen erzähle, die man nicht erreichen kann. Ihr müsst auch verstehen, dass die einzigen Menschen, die sie je studiert haben, Dörfler sind, die zurück gelassen wurden. Die Meister sind jene, die darüber hinausgegangen sind. Gewiss hoffe ich, dass ihr mich nicht nur zu euch sprechen ließet, während ihr traumäugig wart. Gewiss wünschte ich, dass das, was ich zu euch gesagt habe, euch zu einem neuen Verständnis gebracht hat und euch die Freiheit und den Freiraum gegeben hat, um euer Leben zu verändern und diese Veränderung zum Wichtigsten in eurem Leben zu machen. Wendet an, was ich euch gelehrt habe. Es funktioniert.

Gott segne euer Leben!
So sei es.

Ramtha

Epilog von JZ Knight: Wie alles begann

„Mit anderen Worten, sein gesamtes Bestreben war darauf gerichtet, hierher zu kommen und euch zu lehren, außergewöhnlich zu sein."

Mein Name ist JZ Knight und ich bin die rechtmäßige Besitzerin dieses Körpers. Ramtha und ich sind zwei verschiedene Personen, zwei verschiedene Wesen. Wir haben einen gemeinsamen Realitätspunkt und das ist gewöhnlich mein Körper. Obwohl wir sozusagen gleich aussehen, sehen wir nicht wirklich gleich aus.

Mein ganzes Leben hindurch, schon als ich noch klein war, habe ich Stimmen in meinem Kopf gehört und wundervolle Dinge gesehen, die in meinem Leben für mich normal waren. Ich hatte das Glück, eine Mutter zu haben, die ein sehr hellsichtiger Mensch war und niemals das, was ich sah, verurteilte. Mein ganzes Leben hindurch hatte ich wundervolle Erfahrungen. Die wichtigste Erfahrung war jedoch diese tiefe und umfassende Liebe für Gott, und es gab einen Teil in mir, der verstand, was das bedeutete. Später in meinem Leben ging ich in die Kirche und versuchte, Gott aus der Sicht der religiösen Doktrin zu verstehen, was mir große Schwierigkeiten bereitete, weil es mit dem, was ich fühlte und wusste, in Konflikt stand.

Ramtha war immer Teil meines Lebens gewesen, schon seit ich geboren war, aber ich wusste nicht, wer und was er war, ich wusste nur, dass da eine wundervolle Kraft in mir war, die mit mir einherging und wenn ich in Schwierigkeiten war – ich erlebte viel Schmerz in meinem Leben, während ich heranwuchs – hatte ich doch immer außergewöhnliche Erfahrungen mit diesem Wesen, das mit mir redete. Ich konnte ihn so deutlich hören, wie ich Sie in einem gemeinsamen Gespräch hören könnte. Er half mir, vieles in meinem Leben zu verstehen und das ging weit über das hinaus, was man normalerweise als Rat von jemandem erhält.

Es dauerte bis 1977, bis er an einem Sonntagnachmittag in meiner Küche erschien, wo ich gerade zusammen mit meinem Mann Pyramiden bastelte. Wir dörrten Essen, weil wir gerne mit dem

Rucksack loszogen und wanderten. Als ich eines dieser albernen Dinge auf meinen Kopf setzte, tauchte am anderen Ende meiner Küche diese wundervolle Erscheinung auf, über zwei Meter groß, schimmernd, schön und rein. Niemand ist darauf vorbereitet, um 14.30 Uhr so eine Erscheinung in seiner Küche zu sehen. Niemand ist auf so etwas vorbereitet. Und so gab Ramtha sich mir damals zu erkennen.

Das Erste, was ich zu ihm sagte – und ich weiß nicht, woher das kam – war: „Du bist so schön. Wer bist du?“ Sein Lächeln ist wie die Sonne. Er ist ausgesprochen gut aussehend. Er sagte: „Mein Name ist Ramtha der Erleuchtete und ich bin gekommen, um dir über den Graben zu helfen.“ Da ich ein einfacher Mensch bin, war meine erste Reaktion auf den Boden zu schauen, denn ich dachte, dass vielleicht etwas mit dem Boden passiert oder eine Bombe abgeworfen worden war. Ich hatte ja keine Ahnung. Von diesem Tag an wurde er zu einer Konstante in meinem Leben. Im Lauf des Jahres 1977 geschahen, gelinde gesagt, viele interessante Dinge. Meine beiden kleinen Kinder lernten Ramtha kennen und erlebten einige unglaubliche Phänomene, genauso wie mein Mann.

Später in diesem Jahr, nachdem er mich gelehrt und dabei einige Schwierigkeiten gehabt hatte, mir verständlich zu machen, was er ist, sagte er eines Tages zu mir: „Ich werde dir einen Boten senden, der dir eine Reihe von Büchern bringen wird. Lies sie, weil du dann wissen wirst, was ich bin.“ Diese Bücher hießen „Leben und Lehren der Meister im fernen Osten“ (Drei Eichen Verlag). Ich las sie und begann zu verstehen, dass Ramtha in gewisser Weise eines dieser Wesen war. Und damit kam ich aus der „bist-du-der-Teufel-oder-bist-du-Gott-Kategorie“ heraus, die mich damals plagte.

Als ich ihn schließlich verstand, verbrachte er lange, lange Augenblicke mit mir, kam mit seinen mehr als zwei Metern seines schönen Wesens in mein Wohnzimmer spaziert und machte es sich auf meinem Sofa bequem,. Er setzte sich hin und sprach mit mir und lehrte mich. Zu dieser Zeit erkannte ich nicht, dass er bereits alles wusste, was ich ihn fragen würde. Er wusste bereits, wie er mir antworten würde, aber ich wusste nicht, dass er es wusste.

Seit 1977 ging er geduldig in einer Weise mit mir um, dass er all meine Fragen zuließ, nicht über seine Echtheit, sondern Fragen über mich selbst als Gott. Er lehrte mich und fing mich auf, wenn ich mich in Dogma oder Begrenzungen verstrickte, fing mich gerade rechtzeitig auf, lehrte mich und geleitete mich hindurch. Und ich sagte immer: „Weißt du, du bist so geduldig. Ich finde es wundervoll, dass du so geduldig bist". Und er lächelte nur und meinte, dass er 35.000 Jahre alt sei, und was sonst könne man in einer derart langen Zeit tun? Erst vor ungefähr zehn Jahren wurde mir klar, dass er schon wusste, was ich ihn fragen würde und dass er darum so geduldig war. Als der grandiose Lehrer, der er ist, gab er mir die Gelegenheit, meine Themen in mir selbst anzugehen. Er hatte den Anstand, mit mir in einer Weise zu sprechen, die nicht überheblich war. Als wahrer Lehrer erlaubte er mir, selbst zu meinen Erkenntnissen zu gelangen.

Ramtha seit Ende 1979 zu channeln ist ein Erlebnis. Ram ist über zwei Meter groß und trägt zwei Gewänder, in denen ich ihn bisher immer gesehen habe. Obwohl es immer dieselben sind, sind sie doch so schön, dass man ihres Anblicks nie überdrüssig wird. Das innere Gewand ist schneeweiß und reicht bis ganz zum Boden hinunter, dorthin, wo ich annehme, dass sich seine Füße befinden. Darüber trägt er ein Gewand von wunderschönem Violett. Sie müssen verstehen, dass ich mir das Material dieser Gewänder wirklich angeschaut habe und es nicht wirklich materiell ist. Es ist eine Art Licht. Und obwohl dieses Licht in gewisser Weise transparent ist, versteht man doch, dass seine Kleidung auch real ist.

Ramthas Gesicht ist zimtfarben, so kann ich es am besten beschreiben. Seine Haut ist weder wirklich braun noch wirklich weiß noch wirklich rot, sondern eine Art Mischung aus allen dreien. Er hat ausgesprochen tiefschwarze Augen, die in einen hineinsehen können und man weiß, dass sie tief in einen hineinblicken. Er hat hohe Augenbrauen, die wie die Flügel eines Vogels aussehen. Er hat einen sehr eckigen Kiefer und einen schönen Mund, und wenn er lächelt, weiß man, dass man im Himmel ist. Er hat sehr lange Hände und lange Finger, mit denen er äußerst elegant seine Gedanken untermalt.

Nun stellen Sie sich vor, wie schwierig es für mich war – nachdem er mir beigebracht hatte, meinen Körper zu verlassen, indem er mich tatsächlich heraus zog, mich in einen Tunnel warf, wo ich auf die Lichtwand traf und zurückprallte, um dann festzustellen, dass meine Kinder schon wieder aus der Schule zurück waren und ich gerade mal das Frühstücksgeschirr gespült hatte – mich an die Zeitlücken auf dieser Ebene zu gewöhnen. Ich verstand nicht, was ich tat und wohin ich ging, also hatten wir viele Übungsstunden. Sie müssen verstehen, dass er das mit mir um zehn Uhr morgens machte, und wenn ich von der weißen Wand zurückkam, war es 16.30 Uhr. Ich hatte ein echtes Problem damit, mich auf die fehlende Zeit einzustellen. So verbrachten wir viel Zeit damit, dass Ramtha mir beibrachte, wie man dabei vorgeht und es machte Spaß, war ausgelassen und manchmal absolut Furcht einflößend. Sie können sich vorstellen, wie es ist, wenn er auf einen zuging, einen regelrecht aus seinem Körper herauszerrte, mit den Worten: „Nun, wie ist die Aussicht von dort?“, an die Decke warf und dann in einen Tunnel schleuderte – vielleicht lässt sich dieser am besten als Schwarzes Loch zur nächsten Ebene beschreiben – durch diesen Tunnel hindurch zu schießen, auf eine Wand aufzutreffen und Amnesie zu haben.

Er bereitete mich darauf vor, mir etwas beizubringen, wozu ich mich schon vor dieser Inkarnation bereit erklärt hatte. Meine Bestimmung in diesem Leben war nicht einfach nur zu heiraten, Kinder zu haben und es im Leben zu etwas zu bringen, sondern Widrigkeiten zu überwinden, um das zuvor Geplante geschehen zu lassen. Und dieses Geschehen schloss außerordentliches Bewusstsein mit ein, das er ist.

Meine Versuche, meinen Körper für Ramtha zu kleiden, waren ein Witz. Ich wusste nicht, was ich tun sollte. Bei der allerersten Channeling-Sitzung trug ich hohe Absätze und einen Rock. Ich dachte, ich würde in die Kirche gehen. Sie können sich also vorstellen, falls Sie etwas Zeit haben, sich näher mit ihm zu befassen, wie er geschniegelt in einem Geschäftskostüm und hohen Absätzen aussehen würde, die er in seinem Leben niemals getragen hatte.

Es ist wirklich schwierig, mit Menschen zu sprechen und ihnen verständlich zu machen, dass ich nicht er bin, dass wir zwei verschiedene Wesen sind und dass Sie, wenn Sie mich in diesem Körper ansprechen, mit mir und nicht mit ihm sprechen. Manchmal war das in den letzten Jahren oder so in der Öffentlichkeit eine große Herausforderung für mich, weil die Menschen nicht verstehen, wie es möglich sein kann, dass ein menschliches Wesen mit göttlichem Mind ausgestattet und doch davon getrennt sein kann.

Ich wollte Sie wissen lassen, dass Sie zwar Ramtha hier draußen in meinem Körper sehen und es sich um meinen Körper handelt, er aber völlig anders aussieht. Seine Erscheinung in diesem Körper mindert nicht die Größe dessen, wer und was er ist. Sie sollten auch wissen, dass, wenn wir reden, wenn Sie anfangen, mir Fragen zu stellen über Dinge, die er gesagt hat, ich vielleicht keine Ahnung habe, wovon Sie sprechen, weil ich, wenn ich meinen Körper verlasse, in eine ganz andere Zeit und an einen anderen Ort gehe, an die ich keine bewusste Erinnerung habe. Und ganz gleich, wie viel Zeit er mit Ihnen verbringt, wird das für mich vielleicht fünf oder drei Minuten dauern. Und wenn ich in meinen Körper zurückkehre, ist diese ganze Zeit dieses ganzen Tages vergangen und ich war nicht daran beteiligt. Ich habe nicht gehört, was er zu Ihnen gesagt hat und ich weiß nicht, was er hier draußen getan hat. Wenn ich zurückkehre, ist mein Körper erschöpft. Manchmal habe ich Schwierigkeiten die Treppe hochzukommen, um mich umzuziehen und mich zurechtzumachen für das, was der Tag mir bringen wird oder was vom Tage übrig ist.

Er hat mir eine Menge wundervoller Dinge gezeigt, wovon ich annehme, dass Menschen, die sie nie zu sehen bekamen, sie sich nicht einmal in ihren wildesten Träumen vorstellen können. Ich habe das 23. Universum gesehen, ich habe außerordentliche Wesen getroffen und ich habe Leben beginnen und enden sehen. Ich habe in wenigen Augenblicken gesehen, wie Generationen geboren wurden, lebten und starben. Ich wurde mit historischen Ereignissen vertraut gemacht, was mir dabei half, besser zu verstehen, was ich wissen musste. Mir wurde erlaubt, neben meinem jeweiligen Körper in anderen Leben herzugehen, damit ich beobachten konnte, wer und was ich damals war. Ich durfte mir die andere Seite des Todes ansehen. Dies sind von mir hoch geschätzte Gelegenheiten und Privilegien, die zu genießen ich mir irgendwann in meinem Leben verdient habe.

Anderen Menschen davon zu erzählen ist auf gewisse Weise ernüchternd, weil es schwierig ist, diese Erfahrungen Menschen nahe zu bringen, die nie an diesen Orten waren. Als Erzählerin versuche ich mein Bestes, es ihnen zu vermitteln und doch will es mir nicht ganz gelingen.

Ich weiß auch, dass Ramtha aus diesem Grund auf diese ihm eigene Weise mit seinen Studenten arbeitet, weil er niemanden überschatten will. Mit anderen Worten, sein ganzes Bestreben konzentriert sich darauf, hierher zu kommen und Ihnen beizubringen, außergewöhnlich zu sein. Er ist es schon. Und es geht nicht darum, dass er Phänomene hervorbringt. Wenn er Ihnen sagt, dass er Ihnen Boten schicken wird, werden Sie diese auch bekommen, und zwar in heftigem Ausmaß. Es geht nicht darum, dass er Ihnen Tricks vorführt. Das entspricht nicht seinem Wesen. Solcherart sind die Hilfsmittel eines Avatars, der immer noch ein Guru ist und Anbetung braucht, und das ist bei Ramtha nicht der Fall.

Also wird Folgendes geschehen: Er wird Sie lehren, Sie fördern und es Ihnen ermöglichen, die Phänomene selbst zu erschaffen, und Sie werden es auch tun können. Und eines Tages, wenn Sie auf ein Stichwort hin manifestieren, Ihren Körper verlassen und lieben können, wenn es nach menschlichem Interesse eigentlich unmöglich wäre, das zu tun, wird er schnurstracks in Ihr Leben marschieren, weil Sie bereit sind, an dem teilzuhaben, was er ist. Er ist einfach das, was Sie auch einmal sein werden. Bis dahin ist er gewissenhaft, geduldig, allwissend mit einem übergreifenden Verständnis für alles, was wir wissen müssen, um zu lernen, das zu sein.

Und eines kann ich sagen, wenn Sie das, was Sie in seiner Präsentation gehört haben, interessiert und Sie anfangen, ihn lieb zu gewinnen, obwohl Sie ihn nicht sehen können, dann ist das ein gutes Zeichen, weil es bedeutet, dass das Wichtige in Ihnen Ihre Seele ist, die Sie dazu drängt, sich in diesem Leben zu entfalten. Und das mag zu einer Konfrontation mit Ihrem Neuronennetz führen. Ihre Persönlichkeit kann mit Ihnen diskutieren und debattieren, aber diese Art von Logik ist wirklich leicht zu durchschauen, wenn Ihre Seele Sie zu einer Erfahrung drängt.

Wenn Sie diesen Weg gehen wollen, werden Sie sich in Geduld und Fokus üben und das Werk tun müssen. Anfangs ist das Werk sehr schwierig, aber wenn Sie beharrlich genug sind und dabeibleiben, dann kann ich Ihnen sagen, dass dieser Lehrer eines Tages Ihr Inneres nach außen kehren wird. Eines Tages werden Sie in der Lage sein, all diese bemerkenswerten Dinge so zu vollbringen, wie die Meister, von denen Sie in Mythen und Legenden gehört haben. Sie werden dazu in der Lage sein, weil das die Reise ist. Und schließlich ist diese Fähigkeit die Realität, die einzig einem erwachenden Gott in menschlicher Form offen steht.

Nun, das ist meine Reise und mein ganzes Leben lang war es meine Reise. Wenn sie nicht wichtig gewesen und nicht das wäre, was sie ist – ich würde ganz sicher nicht den größten Teil meines Jahres in Vergessenheit verbringen, nur damit ein paar Menschen kommen und eine New Age-Erfahrung machen können. Es geht hier um etwas, das weit über eine New Age-Erfahrung hinausgeht. Ich sollte auch sagen, dass es viel wichtiger ist, als Meditations- oder Yoga-Fähigkeiten zu besitzen. Es geht um eine Bewusstseinsveränderung, die unser ganzes Leben an jedem Punkt durchzieht, und darum, uns geistig freizumachen und unbegrenzt zu werden, damit wir alles können, dessen wir fähig sind.

Noch etwas anderes, was ich gelernt habe, möchte ich Sie wissen lassen, nämlich dass wir nur dann etwas veranschaulichen können, wenn wir die Fähigkeit dazu besitzen. Man könnte sich fragen: „Nun gut, warum kann ich es nicht, was blockiert mich?“. Unsere einzige Blockade ist unsere mangelnde Fähigkeit, uns hinzugeben, etwas zuzulassen und uns gegenüber unserem Neuronennetz des

Zweifels zu behaupten. Wenn man selbst im Angesicht des Zweifels standhalten kann, wird man den Durchbruch schaffen, weil das die einzige Blockade ist, die uns im Weg steht. Und eines Tages werden Sie all diese Dinge tun und all die Dinge sehen können, die ich gesehen habe und sehen durfte.

Also, ich wollte nur hier herauskommen und Ihnen zeigen, dass ich existiere und liebe, was ich tue. Und ich hoffe, dass Sie von diesem Lehrer lernen, und wichtiger noch, dass Sie damit fortfahren werden.

JZ Knight

Ramthas Glossar

Affenverstand (*monkey-mind*): Affenverstand bezieht sich auf den flatterhaften Verstand der Persönlichkeit.

Analog: Analog zu sein heißt, im Jetzt zu leben. Dies ist der schöpferische Moment, der sich außerhalb von Zeit, Vergangenheit und Emotionen befindet.

Analoger Mind: Analoger Mind bedeutet **ein** Mind. Er ist das Ergebnis der Ausrichtung von primärem und sekundärem Bewusstsein, dem Beobachter und der Persönlichkeit. Das vierte, fünfte, sechste und siebte Siegel des Körpers sind in diesem Geisteszustand offen. Die Bänder drehen sich in entgegen gesetzten Richtungen, wie ein Rad im Rad und erzeugen einen kraftvollen Wirbel, wodurch es den Gedanken, die im Stirnlappen festgehalten werden, möglich wird, sich zu verdichten und zu manifestieren.

Bänder, die: Die Bänder bestehen aus zwei Sets mit je sieben Frequenzen, die den menschlichen Körper umgeben und ihn zusammenzuhalten. Jede der sieben Frequenzschichten der beiden Bänder entspricht im menschlichen Körper einem der sieben Siegel, den sieben Ebenen des Bewusstseins. Die Bänder sind das Aurafeld, das binären und analogen Mind möglich macht.

Beobachter: Bezieht sich auf den Beobachter der Quantenmechanik, der für den Kollaps von Welle/Partikel verantwortlich ist. Er stellt das wahre Selbst, den Geist, das primäre Bewusstsein dar, d.h. den Gott im Menschen.

Bewusstsein: Bewusstsein ist das Kind, das geboren wurde, als die Leere (*the Void*) sich selbst betrachtete. Es ist die Essenz und der Stoff, aus dem alles Sein besteht. Alles Existierende hat seinen Ursprung im Bewusstsein und wurde durch dessen Dienerin, die Energie, nach außen manifestiert. „Bewusstseinsstrom" bezieht sich auf das Kontinuum von Gottes Mind.

Bewusstsein und Energie: Sie sind die dynamischen Schöpferkräfte und unauflöslich miteinander verbunden. Alles Existierende entsprang dem Bewusstsein und manifestierte sich durch die Modulation seiner energetischen Wirkung in der Materie.

Binärer Mind: Dieser Ausdruck meint „zwei Minds". Binärer Mind wird durch Zugriff auf das Wissen der Persönlichkeit und des menschlichen Körpers ohne die Einbeziehung des tiefen unterbewussten Mind erzeugt. Binärer Mind verlässt sich ausschließlich auf das Wissen, die Wahrnehmung und die Gedankenprozesse des Neokortex und der ersten drei Siegel. Das vierte, fünfte, sechste und siebte Siegel bleiben in diesem Geisteszustand geschlossen.

Blue Body® – Blauer Körper: Der Körper, der zur vierten Existenzebene, dem Brückenbewusstsein und dem ultravioletten

Frequenzband gehört. Der Blue Body® ist Herr über den Lichtkörper und die physische Ebene.

Blue Body® Dance – Tanz des blauen Körpers: Eine Disziplin, die Ramtha lehrt. Der Schüler hebt sein bewusstes Gewahrsein auf das Bewusstsein der vierten Ebene an. Mit dieser Disziplin kann man Zugang zum Blue Body® gewinnen und das vierte Siegel öffnen.

Blue Body® Healing – Heilung mit dem blauen Körper: Eine Disziplin, die Ramtha lehrt. Der Schüler hebt sein bewusstes Gewahrsein auf das Bewusstsein der vierten Ebene und des Blue Body® an, um den physischen Körper zu heilen oder zu verändern.

Blaue Netze: Die blauen Netze stellen die Grundstruktur des physischen Körpers auf einer subtilen Ebene dar. Diese unsichtbare Skelettstruktur der physischen Realität schwingt im ultravioletten Frequenzbereich.

Bote: Zu Ramthas Lebzeiten hatten Boten die Aufgabe, bestimmte Nachrichten oder Informationen zu überbringen. Ein Meisterlehrer hat die Fähigkeit, anderen Leuten Boten zu senden, die seine Worte oder seine Absicht in Form einer Erfahrung oder eines Ereignisses Wirklichkeit werden lassen.

Buch des Lebens: Ramtha bezeichnet die Seele als das Buch des Lebens, in dem die gesamte Reise der Involution und Evolution des Einzelnen in Form von Weisheit aufgezeichnet ist.

C&Eâ = R: Consciousness and Energy = Reality, Bewusstsein und Energie erschaffen die Natur der Realität.

C&Eâ: Abkürzung für Consciousness & Energy[SM], (Bewusstsein & Energie) Markenzeichen der grundlegenden Disziplin in Ramthas Schule der Erleuchtung, die zum Manifestieren und zur Anhebung des Bewusstseins dient. Mit Hilfe dieser Disziplin lernt der Schüler, einen analogen Geisteszustand herbeizuführen, seine höheren Siegel zu öffnen und aus der Leere (*the Void*) Wirklichkeit zu erschaffen. Das Einführungsseminar für Anfänger wird „C&Eâ-Workshop für Anfänger“ genannt. In diesen Workshops lernen die Schüler die grundlegenden Konzepte und Disziplinen von Ramthas Lehren kennen. Die Lehrinhalte eines C&Eâ-Workshops für Anfänger sind zu finden in *Ramtha: Das Erschaffen von Realität, Ein Leitfaden für Anfänger* (Horamus Publishing, Inc. 1997); oder im englischen Original: *Ramtha: A Beginner's Guide to Creating Reality*, Third Edition (Yelm: JZK Publishing, a division of JZK, Inc., 2004)

Christ walk – Christus-Gang: Der Christus-Gang ist eine von Ramtha entworfene Disziplin, in der der Schüler sehr langsam und absolut bewusst gehen lernt. Die Schüler lernen in dieser Disziplin, mit jedem Schritt den Mind eines Christus zu manifestieren.

Create Your Day[SM] **– den Tag erschaffen.** Dies ist die Dienstleistungsmarke einer von Ramtha entwickelten Technik, mit der Bewusstsein und Energie nach oben bewegt werden und am Morgen, vor Beginn des Tages, absichtsvoll ein konstruktiver Plan für die Erfahrungen der Ereignisse des Tages angelegt wird. Diese Technik wird ausschließlich an Ramthas Schule der Erleuchtung gelehrt.

Disziplinen des Großen Werks: Ramthas Schule der Alten Weisheit ist dem Großen Werk gewidmet. Alle Disziplinen des Großen Werks in Ramthas Schule der Erleuchtung wurden ausschließlich von Ramtha entworfen. Diese Übungen sind wirkungsvolle Einweihungen, durch die der Schüler die Gelegenheit erhält, die Lehren Ramthas aus erster Hand anzuwenden und zu erfahren.

Dritte Ebene: Dies ist die Ebene des bewussten Gewahrseins und des sichtbaren Lichtspektrums. Sie ist auch als Lichtebene oder mentale Ebene bekannt. Wenn die Energie der Blauen Ebene auf diesen Frequenzbereich herabgesenkt wird, spaltet sie sich in positive und negative Polarität. An diesem Punkt teilt sich die Seele in zwei Hälften; so entsteht das Phänomen der Seelengefährten.

Drittes Siegel: Dieses Siegel ist das Energiezentrum des bewussten Gewahrseins und des sichtbaren Lichtspektrums. Es steht in Verbindung mit Kontrolle, Tyrannei, Opfersein und Macht. Es befindet sich im Bereich des Solarplexus.

Ebene der Glückseligkeit: Die Ebene des Ausruhens, auf der die Seelen die Gelegenheit haben, nach ihrer Lebensrückschau ihre nächste Inkarnation zu planen. Sie ist auch als Himmel und Paradies bekannt, wo es weder Leid, noch Schmerz, Not oder Mangel gibt und wo sich jeder Wunsch sofort manifestiert.

Ebene der Veranschaulichung: Die physische Ebene wird auch die Ebene der Veranschaulichung genannt. Auf dieser Ebene hat der Mensch Gelegenheit, sein schöpferisches Potenzial in der Materie zu demonstrieren und Bewusstsein in materieller Form zu erleben, und somit sein emotionales Verstehen zu erweitern.

Emotionalkörper: Der Emotionalkörper ist die Ansammlung vergangener Emotionen, Einstellungen und elektrochemischer Muster, die die menschliche Persönlichkeit des Einzelnen definieren. Ramtha bezeichnet ihn als die Versuchung der Unerleuchteten. Aufgrund unseres Emotionalkörpers reinkarnieren wir uns immer wieder.

Emotionen: Eine Emotion ist der physisch-biochemische Effekt einer Erfahrung. Emotionen gehören der Vergangenheit an, denn sie sind der Ausdruck von Erfahrungen, die bereits bekannt und in den neurosynaptischen Signalwegen des Gehirns festgelegt sind.

Energie: Energie ist das Gegenstück zu Bewusstsein. Alles Bewusstsein bringt eine dynamische Energiewirkung, Ausstrahlung oder einen natürlichen Ausdruck seiner selbst mit sich. Genauso wie alle Formen von Energie ein Bewusstsein mit sich bringen, das sie definiert.

Erleuchtung: Erleuchtung ist die volle Verwirklichung des Menschen, die Erlangung von Unsterblichkeit und unbegrenztem Mind. Sie ist erreicht, wenn die Kundalini-Energie, die an der Basis der Wirbelsäule sitzt, nach oben zum siebten Siegel steigt, das seinerseits die brachliegenden Teile des Gehirns öffnet. Wenn die Energie in das Mittelhirn und das Kleinhirn vordringt und der unterbewusste Mind geöffnet wird, erlebt der Mensch einen blendenden Lichtblitz, den man Erleuchtung nennt.

Erste Ebene: Bezieht sich auf die materielle oder physische Ebene. Sie ist die Ebene des Image-Bewusstseins und der Hertzfrequenz. Sie ist die niedrigste und dichteste Form von verfestigtem Bewusstsein und Energie.

Erste drei Siegel: Die ersten drei Siegel sind die Siegel von Sexualität, Überleben, Schmerz und Leiden, Opfersein und Tyrannei. Diese Siegel kommen im Allgemeinen in allen Verwicklungen des menschlichen Dramas zum Tragen.

Erstes Siegel: Das erste Siegel steht mit den Fortpflanzungsorganen, Sexualität und dem Überlebenstrieb in Verbindung.

Evolution: Evolution ist die Reise zurück nach Hause, von den niedrigsten Frequenzebenen und der Materie zu den höchsten Frequenzebenen und zum Punkt Null.

Fieldwork^SM^(Feldarbeit): Feldarbeit ist eine der grundlegenden Disziplinen, die in Ramthas Schule der Erleuchtung gelehrt werden. Die Schüler denken sich ein Symbol aus für etwas, das sie bekannt machen oder erfahren wollen und malen es auf eine Karte. Diese Karten werden mit der unbeschriebenen Seite nach außen an die Querlatten eines Zaunes, der ein großes Feld umgibt, gehängt. Die Schüler setzen sich Augenbinden auf und fokussieren auf ihr Symbol, während sie ihren Körper frei im Feld umher gehen lassen. Durch die Anwendung des Gesetzes von Bewusstsein und Energie und des analogen Mind gehen sie direkt zu ihrer Karte.

Fünfte Ebene: Die fünfte Existenzebene ist die Ebene des Superbewusstseins und der Röntgenfrequenz. Sie ist auch als Goldene Ebene oder Paradies bekannt.

Fünftes Siegel: Das fünfte Siegel ist das Zentrum unseres spirituellen Körpers, das uns mit der fünften Ebene verbindet. Dieses Siegel steht mit der Schilddrüse in Verbindung und steht für das Aussprechen und Leben der Wahrheit ohne Dualismus.

Gedanke: Gedanke ist etwas anderes als Bewusstsein. Das Gehirn verarbeitet einen Bewusstseinsstrom, indem es ihn in Abschnitte zerlegt — holografische Bilder von neurologischen, elektrischen und chemischen Abdrücken, die man Gedanken nennt. Gedanken sind die Bausteine des Mind.

Gelbes Gehirn: Gelbes Gehirn ist Ramthas Name für den Neokortex, den Sitz des analytischen und emotionalen Denkens. Es wird aus dem Grund gelbes Gehirn genannt, weil die beiden Hälften des Neokortex in der ursprünglichen zweidimensionalen, karikaturartigen Zeichnung, die Ramtha für seinen Unterricht über die Funktion des Gehirns verwendete, gelb ausgemalt war. Er erklärte dazu, dass die verschiedenen Aspekte des Gehirns in diesem bestimmten Bild übertrieben und farbig hervorgehoben wurden, um das Studium und das Verstehen zu erleichtern. Diese spezielle Zeichnung wurde als Anschauungsmaterial in allen folgenden Unterrichtsstunden über das Gehirn verwendet.

Gesellschaftliches Bewusstsein: Das Bewusstsein der zweiten Ebene und des infraroten Frequenzbandes. Es wird auch das Image der menschlichen Persönlichkeit und der Mind der ersten drei Siegel genannt. Das Gesellschaftsbewusstsein bezieht sich auf das kollektive Bewusstsein der menschlichen Gesellschaft. Es ist die Ansammlung von Gedanken, Vermutungen, Urteilen, Vorurteilen, Gesetzen, Moralvorstellungen, Werten, Einstellungen, Idealen und Emotionen der Bruderschaft der menschlichen Rasse.

Goldener Körper: Der Körper, der zur fünften Ebene, zum Superbewusstsein und der Röntgenfrequenz gehört.

Götter: Technologisch weit fortgeschrittene Wesen von anderen Sternensystemen, die vor 455.000 Jahren auf die Erde kamen. Diese Götter veränderten die Gene der menschlichen Rasse, indem sie die menschliche DNS mit ihrer eigenen vermischten und modifizierten. Sie sind für die Entwicklung des Neokortex verantwortlich und benutzten die menschliche Rasse als fügsame Arbeitskräfte. Beweise für diese Vorgänge finden sich in sumerischen Tafeln und Artefakten. Der Begriff Götter wird auch zur Beschreibung der wahren Identität der Menschheit, die „vergessenen Götter", verwendet.

Gott: Ramthas Lehren sind die Erläuterung des Satzes: „Du bist Gott." Er beschreibt die Menschheit als die vergessenen Götter: von Natur aus göttliche Wesen, die ihr Erbe und ihre wahre Identität vergessen haben. Genau diese Aussage gibt Ramthas herausfordernde Botschaft an unser modernes Zeitalter wieder, einem Zeitalter voll religiösem Aberglauben und voller Missverständnisse, wenn es um das Göttliche und das wahre Wissen der Weisheit geht.

Gott in uns: Er ist der Beobachter, das wahre Selbst, das primäre Bewusstsein, der Geist, der Gott im Menschen.

Gott/Frau: Die volle Verwirklichung eines Menschen.

Gott/Mann: Die volle Verwirklichung eines Menschen.

Grid^{SM}, The – das Gitter. Dies ist die Dienstleistungsmarke einer von Ramtha entwickelten Technik, mit der Bewusstsein und Energie nach oben bewegt werden und das Nullpunkt-Energiefeld durch mentale Visualisierung absichtsvoll angezapft und das Gewebe der Wirklichkeit zugänglich gemacht wird. Diese Technik wird ausschließlich an Ramthas Schule der Erleuchtung gelehrt.

Große Werk, das: Das Große Werk ist die praktische Anwendung der Lehren der Schulen der Alten Weisheit. Damit sind die Disziplinen gemeint, durch die der Mensch erleuchtet und zu einem unsterblichen göttlichen Wesen wird.

Hertzebene: siehe **erste Ebene**.

Hierophant: Ein Hierophant ist ein Meisterlehrer, der im Stande ist, das er lehrt auch selbst zu manifestieren und seine Schüler in dieses Wissen einzuweihen.

Hyperbewusstsein: Das Bewusstsein der sechsten Ebene und der Gammastrahlenfrequenz.

Involution: Involution ist die Reise vom Punkt Null und der siebten Ebene zu den langsamsten und dichtesten Frequenzebenen und in die Masse.

Jeschua ben Joseph: Jesus Christus wird von Ramtha, entsprechend der jüdischen Tradition der damaligen Zeit, Jeschua ben Joseph genannt.

JZ Knight: JZ Knight wurde als einzige Person von Ramtha als sein Channel auserwählt. Ramtha spricht von JZ als seiner geliebten Tochter. Zu Ramthas Lebzeiten war sie Ramaya, das älteste der ihm anvertrauten Kinder.

Karbuli: Ramthas Bezeichnung für die Kohlenstoffröhrchen, die Mikrotubuli oder das Skelett der Zelle.

Körper-Mind-Bewusstsein: Körper-Mind-Bewusstsein ist das Bewusstsein, das zur physischen Ebene und zum menschlichen Körper gehört.

Kundalini: Kundalini-Energie ist die Lebenskraft eines Menschen. Während der Pubertät sinkt sie von den höheren Siegeln zum unteren Ende der Wirbelsäule hinab. Sie ist ein gewaltiges Energiereservoir, das für die menschliche Evolution vorgesehen ist. Im Allgemeinen wird sie als am unteren Ende der Wirbelsäule zusammengerollte Schlange dargestellt. Diese Energie unterscheidet sich von der Energie, die aus den ersten drei Siegeln kommt und für Sexualität, Schmerz und Leid, Macht und Opfersein verantwortlich ist. Sie wird im Allgemeinen als die schlafende Schlange oder der schlafende Drache beschrieben. Das Aufsteigen der Kundalini-Energie zur Krone des Kopfes wird die Reise der Erleuchtung genannt. Diese Reise findet statt, wenn die Schlange erwacht, sich spaltet und um die Wirbelsäule herumtanzt. Damit ionisiert sie die Rückenmarksflüssigkeit und verändert deren Molekularstruktur, wodurch sich dann das Mittelhirn und die Tür zum Unterbewusstsein öffnen.

Lebenskraft: Die Lebenskraft ist Vater/Mutter, der Geist, der Lebensatem im Menschen. Sie ist die Plattform, von der aus der Mensch seine Illusionen, Fantasievorstellungen und Träume erschafft.

Lebensrückschau: Die Rückschau auf das soeben vergangene Leben. Sie findet statt, wenn der Mensch nach seinem Tod die dritte Ebene erreicht. Der Mensch erhält die Gelegenheit, der Beobachter, der Agierende und der Empfänger seiner eigenen Taten zu sein. Die unerledigten Angelegenheiten dieser Lebenszeit, die in der Lebensrückschau zum Vorschein kommen, bestimmen den Plan für die nächste Inkarnation.

Leere, die (*the Void*): Die Leere wird definiert als ein unermessliches Nichts materiell, jedoch alle Dinge potenziell.

Licht, das: Das Licht bezieht sich auf die dritte Existenzebene.

Lichtkörper: Der Lichtkörper ist das gleiche wie der strahlende Körper. Er ist der Körper, der zur dritten Ebene des bewussten Gewahrseins und des sichtbaren Lichtfrequenzbandes gehört.

Liste, die: Die Liste ist eine von Ramtha gelehrte Disziplin, in der der Schüler eine Liste von Punkten erstellt, die er kennen lernen oder erfahren will. Er lernt dann, darauf in einem analogen Bewusstseinszustand zu fokussieren. Die Liste ist die Vorlage, derzufolge das Neuronetz der Person gestaltet, verändert und umprogrammiert wird. Mit diesem Hilfsmittel kann die Person bedeutende und anhaltende Veränderungen in sich selbst und in ihrer Wirklichkeit herbeiführen.

Menschen, Orte, Dinge, Zeiten und Ereignisse: Dies sind die Hauptbereiche menschlicher Erfahrung, denen die Persönlichkeit emotional verhaftet ist. Diese Bereiche stellen die Vergangenheit des Menschen dar und machen den Inhalt des Emotionalkörpers aus.

Mind: Mind ist das Produkt von Strömen von Bewusstsein und Energie, die auf das Gehirn einwirken und Gedankenformen, holografische Ausschnitte oder neurosynaptische Muster erschaffen, die man Gedächtnis nennt. Die Ströme von Bewusstsein und Energie erhalten das Gehirn am Leben. Sie sind seine Kraftquelle. Die Fähigkeit eines Menschen zu denken gibt ihm seinen „Mind".

Mind Gottes: Gottes Mind beinhaltet den Mind und die Weisheit aller Lebensformen, die je in irgendeiner Dimension, in irgendeiner Zeit und auf irgendeinem Planeten oder Stern gelebt haben, leben oder leben werden.

Multidimensionaler Mind (*dimensional mind*): Der Mind eines Meisters, der nicht mehr länger nur im Rahmen von linearer Zeit oder einer einzigen Raum-Zeit-Dimension denkt. Ein multidimensionaler Mind kann alle Potenziale gleichzeitig sehen.

Mutter-Vater-Prinzip: die Urquelle allen Lebens, der Vater, die ewige Mutter, die Leere. In Ramthas Lehren sind die Urquelle und der Schöpfer Gott nicht dasselbe. Gott, der Schöpfer wird als Punkt Null oder Primäres Bewusstsein gesehen und nicht als die Urquelle, die Leere.

Namensfeld: Namensfeld wird das große Feld genannt, auf dem die Disziplin Feldarbeit (*Fieldwork*SM) geübt wird.

Neighborhood WalkSM **– Nachbarschafts-Gang.** Diese Dienstleistungsmarke ist eine von JZ Knight entwickelte Technik, mit der Bewusstsein und Energie nach oben bewegt und absichtsvoll unsere Neuronetze und nicht länger erwünschte, fest angelegte Denkmuster abgewandelt und mit neuen Vernetzungen und Mustern unserer Wahl ersetzt werden. Diese Technik wird ausschließlich an Ramthas Schule der Erleuchtung gelehrt.

Neuronetz. Eine Verkürzung des Begriffs „neuronales Netzwerk“, einem Netzwerk von Neuronen, die gemeinsam eine Funktion erfüllen.

Obere vier Siegel: Die oberen vier Siegel sind das vierte, fünfte, sechste und siebte Siegel.

Persönlichkeit, die: *Siehe* **Emotionalkörper**.

Primäres Bewusstsein: Das Primäre Bewusstsein ist der Beobachter, das große Selbst, der Gott im Menschen.

Punkt Null: Bezieht sich auf den ursprünglichen Punkt der Bewusstheit, den die Leere geschaffen hat, indem sie sich selbst betrachtete. Punkt Null ist das ursprüngliche Kind der Leere.

Ram: Ram ist eine Kurzversion des Namens Ramtha. Ramtha bedeutet Vater.

Ramaya: Ramtha nennt JZ Knight seine geliebte Tochter. Sie war Ramaya, das erste von Ramthas Adoptivkindern, die er während seines Lebens hatte. Ramtha fand Ramaya verlassen in den Steppen Russlands. Während des Marsches übergaben viele Eltern Ramtha ihre Kinder als Ausdruck ihrer Liebe und höchsten Respekts. Diese Kinder sollten im Haus des Ram aufwachsen. Die Zahl seiner Kinder wuchs auf 133 an, obwohl er selbst nie eigene Nachkommen hatte.

Ramtha (Ethymologie): Der Name Ramtha der Erleuchtete, Herr des Windes, bedeutet Vater. Er bezieht sich auch auf den Ram, der am „schrecklichen Tag des Ram“ vom Berg herabkam. „Im gesamten Altertum ging es darum. Und im alten Ägypten gab es eine dem großen Eroberer Ram gewidmete Allee. Die alten Ägypter waren weise genug, zu verstehen, dass diejenigen, die die Straße des Ram entlang gehen konnten, den Wind erobern konnten." Das Wort Aram, der Name von Noahs Enkel, setzt sich aus dem aramäischen Wort *Araa* — das Erde, Landmasse bedeutet — und dem Wort *Ramtha*, das *hoch* bedeutet, zusammen. In diesem semitischen Namen klingt Ramthas Abstieg von dem hohen Berg an, mit dem der große Marsch begann.

Seele: Ramtha bezeichnet die Seele als Buch des Lebens, in dem die ganze Reise der Involution und Evolution des Einzelnen in Form von Weisheit aufgezeichnet ist.

Sekundäres Bewusstsein: Als Punkt Null den Akt der Selbstbetrachtung der Leere nachahmte, erschuf er dabei ein Spiegelbild seiner selbst, einen Bezugspunkt, der die Erforschung der Leere möglich machte. Dieses Spiegelbild wird als Spiegelbewusstsein oder Sekundäres Bewusstsein bezeichnet. *Siehe* **Selbst**.

Selbst, das: Das Selbst ist die wahre Identität des Menschen, die etwas anderes als die Persönlichkeit ist. Es ist der transzendente Aspekt des Menschen. Es bezieht sich auf das Sekundäre Bewusstsein, den Reisenden, der auf seiner Reise der Involution und der Evolution das Unbekannte bekannt macht.

Sechste Ebene: Die sechste Ebene ist das Reich des Hyper-Bewusstseins und des Gammastrahlen-Frequenzbandes. Auf dieser Ebene wird das Einssein mit allem Leben bewusst erfahren.

Sechstes Siegel: Dieses Siegel steht mit der Zirbeldrüse und dem Gammastrahlenfrequenzband in Verbindung. Die Formatio reticularis, die das Wissen des unterbewussten Mind filtert und verhüllt, ist offen, wenn dieses Siegel aktiviert ist. Mit dem Öffnen des Gehirns sind das Öffnen dieses Siegels und die Aktivierung seines Bewusstseins und seiner Energie gemeint.

Senden-und-Empfangen: Senden-und-Empfangen ist der Name einer Disziplin, die Ramtha lehrt. Der Schüler lernt dabei, Zugang zu Informationen zu erhalten, indem er die Fähigkeiten des Mittelhirns nutzt, ohne die sinnliche Wahrnehmung einzusetzen. Diese Disziplin entwickelt die übersinnlichen Fähigkeiten des Schülers, Telepathie und das Vorhersehen zukünftiger Ereignisse.

Shiva: Der Herr und Gott Shiva repräsentiert den Herrn der Blauen Ebene und des Blue Body® (blauen Körpers). Der Name Shiva bezieht sich nicht auf eine einzelne Gottheit im Hinduismus, sondern auf den Bewusstseinszustand der vierten Ebene und des ultravioletten Frequenzbandes sowie auf das Öffnen des vierten Siegels. Shiva ist weder männlich noch weiblich. Er ist ein androgynes Wesen, denn die Energie auf der vierten Ebene ist noch nicht in positive und negative Polarität aufgespaltet. Hierin liegt ein wesentlicher Unterschied zur traditionellen Darstellung von Shiva im Hinduismus, wo er als männliche Gottheit mit einer Ehefrau dargestellt wird. Das Tigerfell zu seinen Füßen, der Dreizack und Sonne und Mond in Kopfhöhe stellen die Meisterschaft dieses Körpers über die ersten drei Bewusstseinssiegel dar. Die Kundalini-Energie wird als feurige Energie dargestellt, die von der Basis der Wirbelsäule durch den Kopf schießt. Dies ist ein weiterer Unterschied zu einigen hinduistischen Shiva-Darstellungen, in denen die Schlangenenergie aus der Höhe des fünften Siegels oder der Kehle austritt. Weitere Symbole in Shivas Portrait sind die langen dunklen Haarsträhnen und eine Vielzahl von Perlenketten. Sie stehen für einen Reichtum an Erfahrungen, die zu Weisheit wurden. Mit Köcher, Pfeil und Bogen feuert Shiva seinen machtvollen Willen ab, womit er Unvollkommenes zerstört und Neues erschafft.

Sieben Siegel: Die sieben Siegel sind machtvolle Energiezentren, die sieben Bewusstseinsstufen im menschlichen Körper darstellen. Mit Hilfe der Bänder wird der physische Körper in Übereinstimmung mit diesen Siegeln zusammengehalten. Bei jedem Menschen fließt Energie spiralförmig aus den ersten drei Siegeln oder Zentren heraus. Die pulsierende Energie aus den ersten drei Siegeln manifestiert sich jeweils als Sexualität, Pein oder Macht. Wenn die oberen Siegel sich öffnen, wird eine höhere Bewusstheitsstufe aktiviert.

Siebte Ebene: Die siebte Ebene ist die Ebene des Ultra-Bewusstseins und des Frequenzbandes des „Unendlichen Unbekannten". Von dieser Ebene aus wurde die Reise der Involution angetreten. Diese Ebene wurde vom Punkt Null erschaffen, als er den Akt der Kontemplation der Leere nachahmte und so das Spiegel- oder sekundäre Bewusstsein erschuf. Eine Existenzebene oder Raum- und Zeitdimension existiert zwischen zwei Bewusstseinspunkten. All die anderen Ebenen wurden durch Verlangsamung der Zeit und des Frequenzbandes der siebten Ebene erschaffen.

Siebtes Siegel: Dieses Siegel steht in Verbindung mit dem Scheitelpunkt des Kopfes, der Hypophyse und dem Erlangen von Erleuchtung.

Spiegelbewusstsein: Als Punkt Null den Akt der Selbstbetrachtung der Leere nachahmte, erschuf er dabei ein Spiegelbild seiner selbst, einen Bezugspunkt, der die Erforschung der Leere möglich machte. Dieses Spiegelbild wird als Spiegelbewusstsein oder Sekundäres Bewusstsein bezeichnet. *Siehe* **Selbst**.

Superbewusstsein: Das Bewusstsein der fünften Ebene und des Röntgenstrahlenfrequenzbandes.

Tahumo: Tahumo ist eine Disziplin, die Ramtha lehrt, in welcher der Schüler lernt, die Einwirkungen seines natürlichen Umfelds — Hitze und Kälte — auf seinen Körper zu meistern.

Tank®, der: Der Name für das Labyrinth, das ein Teil der Disziplinen von Ramthas Schule der Erleuchtung ist. Die Schüler lernen, mit verbundenen Augen den Eingang zu diesem Labyrinth zu finden und hindurchzugehen, während sie auf die Leere (*the Void*) fokussieren. Sie dürfen die Wände nicht berühren und weder ihre Augen noch ihre anderen Sinne benutzen. Das Ziel dieser Disziplin ist es, mit verbundenen Augen das Zentrum des Labyrinths zu finden oder einen bestimmten Raum, der die Leere darstellt.

Tankfeld: Der Name des großen Feldes, auf dem das Labyrinth steht, das für die Disziplin des Tanks® verwendet wird.

Torsion ProcessSM **– Torsionsfeldübung.** Dies ist die Dienstleistungsmarke einer von Ramtha entwickelten Technik, mit der Bewusstsein und Energie nach oben bewegt werden und durch den Mind ein Torsionsfeld erzeugt wird. Mit dieser Technik lernen die Schüler ein Wurmloch in der Raum-Zeit zu erzeugen, die Realität zu ändern und dimensionale Phänomene hervorzubringen, wie Unsichtbarwerden, Bilokation, Teleportation und andere. Diese Technik wird ausschließlich an Ramthas Schule der Erleuchtung gelehrt.

Twilight®: Dieser Begriff bezeichnet eine Disziplin, die Ramtha lehrt. Die Schüler lernen dabei, ihren Körper in einen bewegungslosen Zustand zu versetzen, der tiefem Schlaf ähnelt und dennoch ihr Bewusstheit aufrecht zu erhalten.

Twilight®Visualisierungs-Prozess: Der Prozess, mit dem die Disziplin der Liste oder andere Visualisierungen geübt werden.

Ultrabewusstsein: Das Bewusstsein der siebten Ebene und des Frequenzbandes des Unbegrenzten Unbekannten. Es ist das Bewusstsein eines aufgestiegenen Meisters.

Das Unbekannte bekannt machen: Dieser Ausdruck bezeichnet den ursprünglichen göttlichen Auftrag, den das Ursprungsbewusstsein erhielt: zu manifestieren und all die unendlichen Potenziale der Leere zur Bewusstheit zu bringen. Dieser Satz stellt die zugrunde liegende Absicht dar, die den dynamischen Evolutionsprozess anfacht.

Unbekannter Gott: Der Unbekannte Gott war der einzige Gott von Ramthas Vorfahren, den Lemuriern. Der Unbekannte Gott repräsentiert auch die vergessene Göttlichkeit und göttliche Herkunft des Menschen.

Unendliches Unbekanntes: Das Frequenzband der siebten Existenzebene und des Ultra-Bewusstscins.

Ungeheuerlich (*outrageous*): Ramtha verwendet dieses Wort im positiven Sinn, um etwas oder jemanden zu charakterisieren, der außergewöhnlich und rar ist, ungehemmt in seinen Taten und über die Maßen kühn oder wild.

Unterbewusstsein (*subconscious mind*): Der Sitz des Unterbewusstseins, des unterbewussten Mind, ist das Kleinhirn oder Reptiliengehirn. Dieser Teil des Gehirns hat seine eigenen, unabhängigen Verbindungen zum Stirnlappen und zum ganzen Körper und hat Zugang zum Mind Gottes, der Weisheit aller Zeiten.

Vierte Ebene: Die vierte Existenzebene ist der Bereich des Brückenbewusstseins und der ultravioletter Frequenz. Diese Ebene wird auch als die Ebene Shivas bezeichnet, des Zerstörers des Alten und Schöpfers des Neuen. Auf dieser Ebene hat sich die Energie noch nicht in positive und negative Ladung gespalten. Alle andauernden Veränderungen oder Heilungen des physischen Körpers müssen zuerst auf der vierten Ebene und im Blue Body® (blauen Körper) stattfinden. Diese Ebene nennt man auch blaue Ebene oder die Ebene Shivas.

Viertes Siegel: Das vierte Siegel steht mit bedingungsloser Liebe und der Thymusdrüse in Verbindung. Wenn dieses Siegel aktiviert ist, wird ein Hormon im Körper ausgeschüttet, das den Körper bei perfekter Gesundheit hält und den Alterungsprozess stoppt.

Zweite Ebene: Die Existenzebene des Gesellschaftsbewusstseins und des infraroten Frequenzbandes. Sie steht in Verbindung mit Schmerz und Leiden. In der Polarität ist diese Ebene der negative Pol zur dritten Ebene, der Ebene der sichtbaren Lichtfrequenz.

Zweites Siegel: Dieses Siegel ist das Energiezentrum des Gesellschaftsbewusstseins und des infraroten Frequenzbandes. Es steht in Verbindung mit Leid und Schmerz und ist in der Unterleibsgegend angesiedelt.

(Footnotes)

1

„Ich bin perfekte Gesundheit; ich bin sagenhaft reich; ich kenne die Gedanken anderer“, et cetera. Die Liste ist eine Disziplin, von Ramtha gelehrt, bei der Schüler lernen, sich auf eine Liste von Dingen zu konzentrieren, die sie wählen, werden oder in ihrem Leben erleben wollen. Siehe auch *Changing the Timeline of Our Destiny,*

Fireside Series, Vol. 1, No. 2 (Yem: JZK Publishing, 2001).

Der Neighborhood Walk [SM], von JZ Knight und Ramtha gelehrt, ist eine weiterentwickelte Version dieser Disziplin.

2

Siehe eine Auswahl von Beispielen im Anhang in *Changing the Timeline of Our Destiny,*

Fireside Series, Vol. 1, No. 2 (Yelm: JZK Publishing, 2001).

Abb. A: Die sieben Siegel: Sieben Bewusstseinsebenen im menschlichen Körper

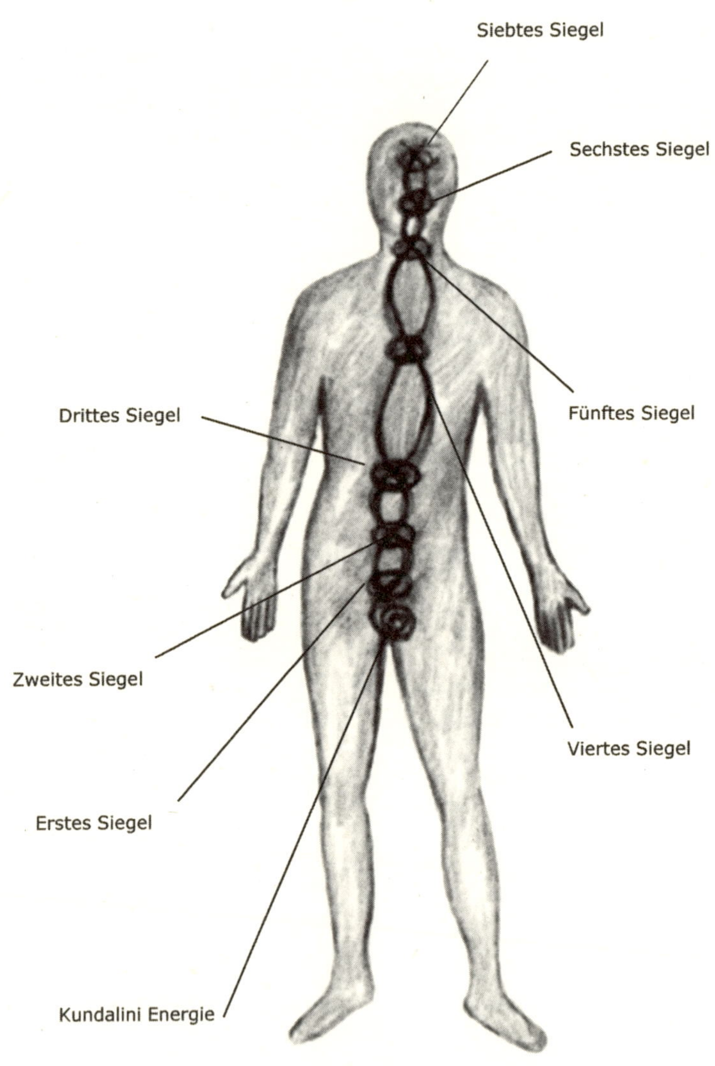

ABB. B: SIEBEN BEWUSSTSEINS- UND ENERGIEEBENEN

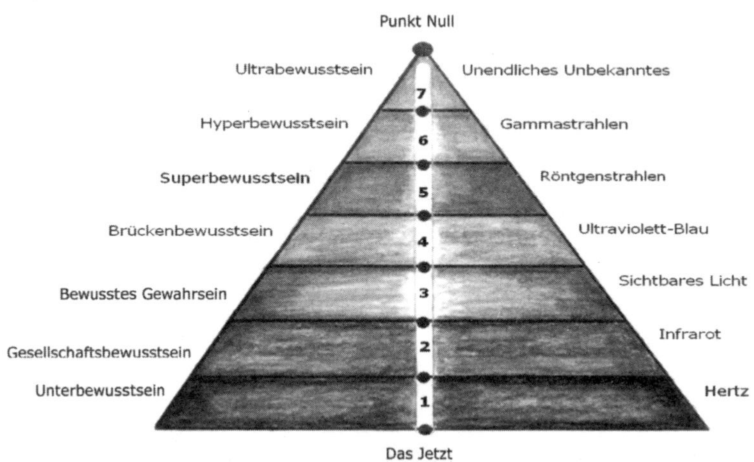

ABB. C: SIEBEN KÖRPER INEINANDER

Punkt Null
7. Ebene – Unendliches Unbekanntes
6. Ebene – Rosafarbener Körper
5. Ebene – Goldener Körper
4. Ebene – Blauer Körper
3. Ebene – Lichtkörper
2. Ebene – Infraroter Körper
1.Ebene – Physischer Körper

ABB. D: BEWUSSTSEIN UND ENERGIE IM LICHTSPEKTRUM

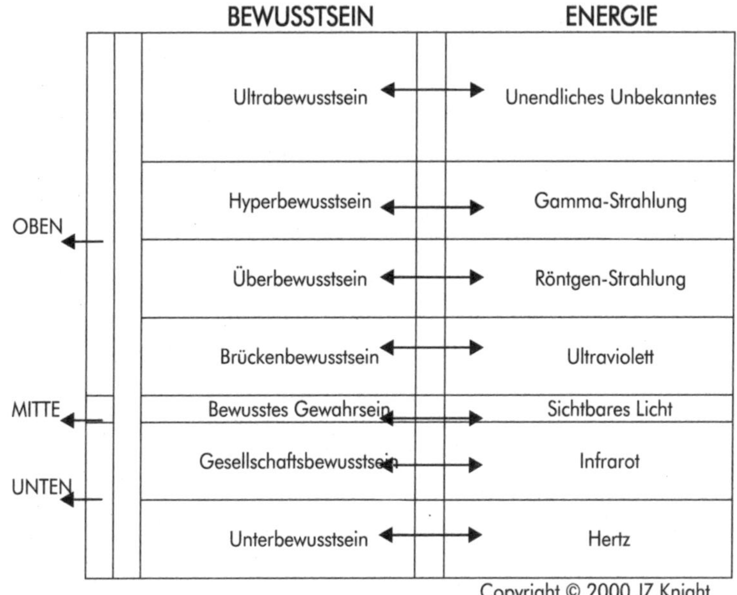

Abb. E: Das Gehirn

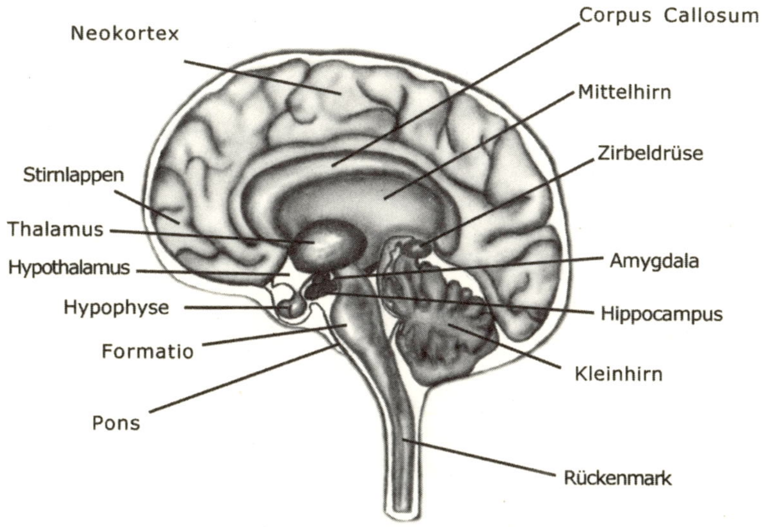

Das ist die ursprüngliche, karikaturähnliche Zeichnung, die Ramtha für seine Lehre über die Funktion des Gehirns und seiner Prozesse verwendet hat. Er erklärt, dass die unterschiedlichen Aspekte des Gehirns in dieser bestimmten Zeichnung für den Zweck des Studiums und Verständnisses übertrieben dargestellt und farblich unterstrichen sind. Diese spezielle Zeichnung wurde zum Standardwerkzeug in allen folgenden Lehren über das Gehirn.

Abb. F: Binärer Mind – Leben im Image

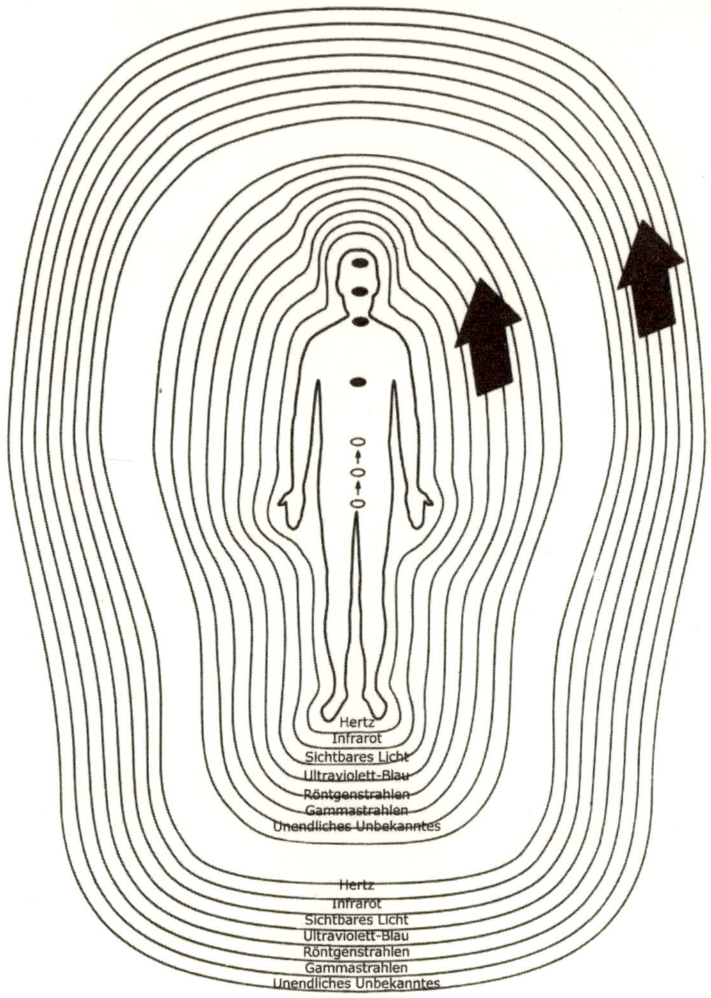

ABB. G: ANALOGER MIND – LEBEN IM JETZT

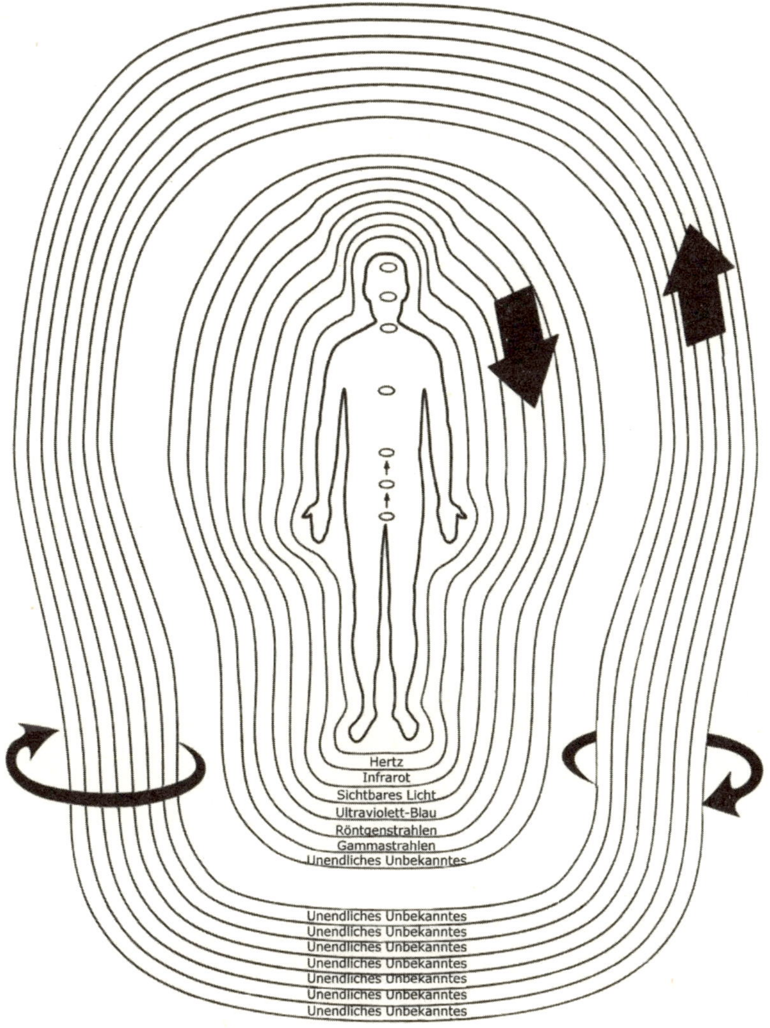

ABB. H:
DER BEOBACHTER LÄSST ENERGIE IN EINE PARTIKELREALITÄT KOLLABIEREN

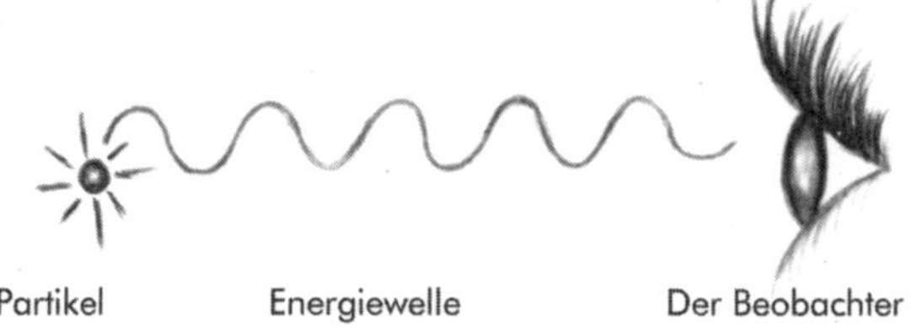

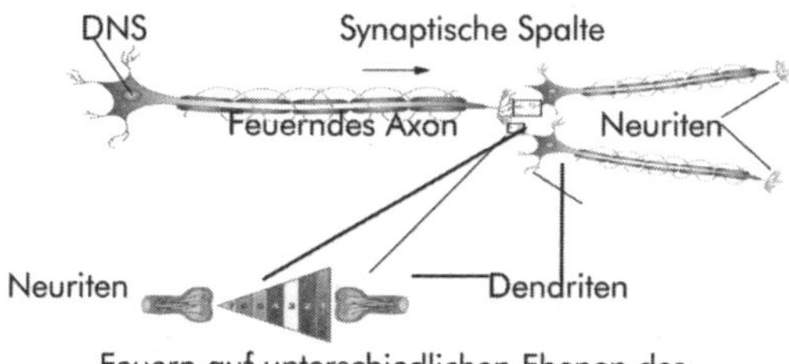

Feuern auf unterschiedlichen Ebenen des Quantenpotenzials, das Gedanken erzeugt.

ABB. I: ZELLBIOLOGIE UND DIE GEDANKENVERBINDUNG:

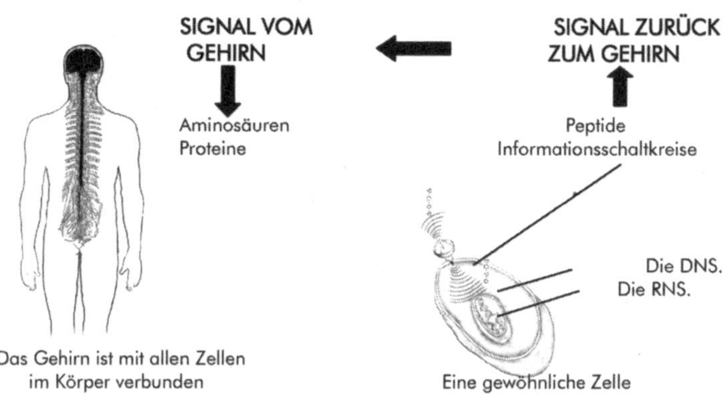

ABB. J: NETZARTIGE SKELETTSTRUKTUREN DER MASSE

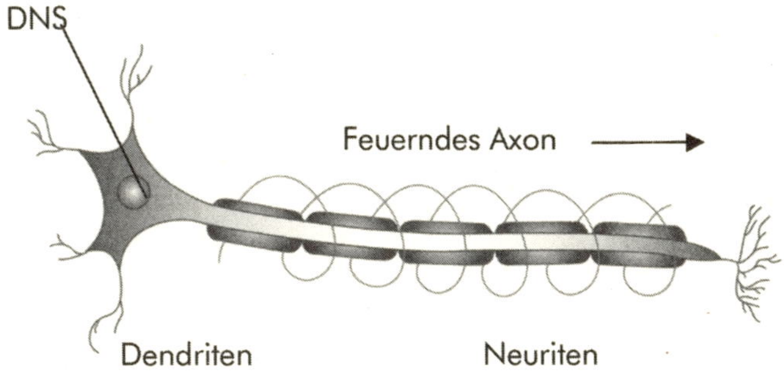

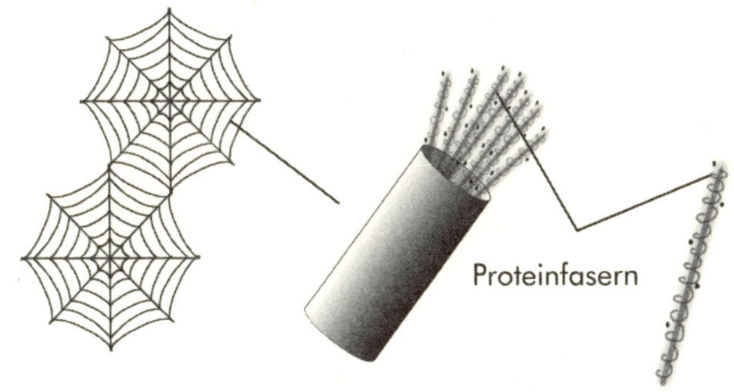

ABB. K: DER BLAUE KÖRPER – BLUE BODY®

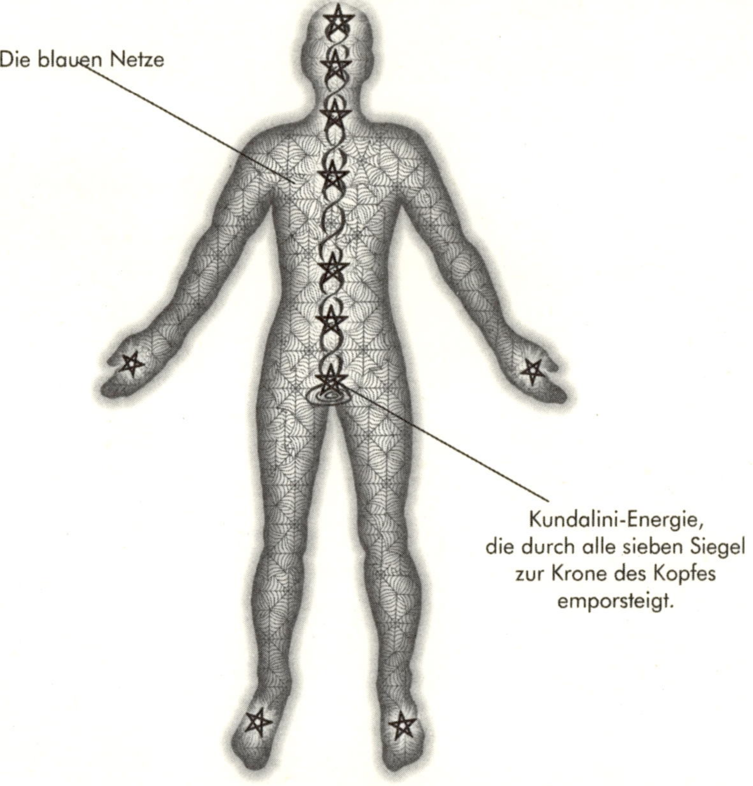

Ramtha's School of Enlightenment

THE SCHOOL OF ANCIENT WISDOM

A Division of JZK, Inc.
P.O. Box 1210
Yelm, Washington 98597
360.458.5201
800.347.0439
www.ramtha.com
www.jzkpublishing.com

Michaels Verlag & Vertrieb GmbH
Ammergauer Str. 80 - 86971 Peiting, Tel.: 08861-59018
Fax: 08861-67091, e-mail: info@michaelsverlag.de
Internet: www.michaelsverlag.de

Ramtha
Was ist ein Meister
€ 12,80
978-3-89539-038-8

Ramtha
Das Erwachen der Götter
€ 12,80
978-3-89539-040-1

Ramtha
Die Überquerung des Flusses
€ 12,80
978-3-89539-047-0

Ramtha
Wer sind wir wirklich?
€ 12,80
978-3-89539-044-9

Ramtha
Gandalfs Kampf
€ 12,80
978-3-89539-149-1

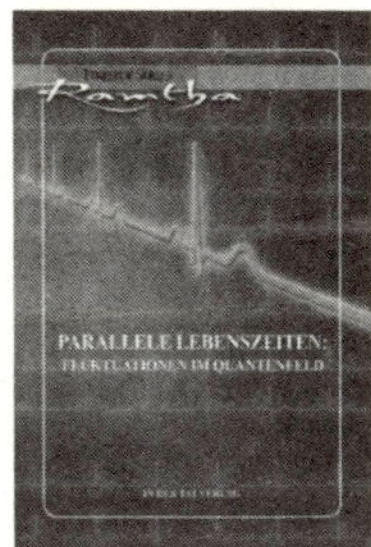

Ramtha
Paralelle Lebenszeiten
€ 12,80
978-3-89539-508-6

Ramtha
Jesus der Christus
€ 12,80
978-3-86733-012-1

Diese Lehr-Serie ist für all die Schüler des Großen Werkes bestimmt, die Ramthas Lehren lieben. Diese laufende Sammlung soll auch als Unterrichtsmaterial für die Schüler von Ramthas Schule der Erleuchtung und für all diejenigen dienen, die Ramthas Lehren kennen oder sich dafür interessieren. Im Laufe der letzten drei Jahrzehnte hat Ramtha seine Ausführungen über die Beschaffenheit der Realität und ihre praktische Anwendung in Form zahlreicher Disziplinen ständig methodisch vertieft und erweitert. Am Ende des Buches ist ein Glossar beigefügt, in welchem einige grundlegende, von Ramtha verwendete Konzepte erklärt werden, damit sich der Leser leichter mit den Lehren vertraut machen kann.

Michaels Verlag & Vertrieb GmbH
Ammergauer Str. 80 - 86971 Peiting, Tel.: 08861-59018
Fax: 08861-67091, e-mail: info@michaelsverlag.de
Internet: www.michaelsverlag.de

Ramtha

Elixier mit Namen Liebe

€ 19,80 ISBN: 978-3-89539-039-5

Was ist Liebe wirklich? Ist sie real oder ist sie nur eine Illusion unserer wildesten Träume? Was bringt uns dazu, uns in einen anderen Menschen zu verlieben? Was können wir von unseren Beziehungen erwarten? Was gibt es dabei darüber zu lernen, wer wir wirklich sind?

Ramthas mutige Ehrlichkeit und sein scharfer Geist leiten uns wie niemals zuvor durch das Buch zum Kern der Marterie. Beinahe zwei Jahrzehnte nach der Veröffentlichung von *Liebe Dich selbst ins Leben* macht uns Ramtha erneut mit unvergleichlicher Einfachheit und in genialer Weise mit diesem geheimnisvollen Thema im Herzen aller menschlicher Sehnsucht bekannt – diesem Elixier mit Namen Liebe.

A STATE OF MIND - MEIN LEBEN MIT RAMTHA

€ 25,80 ISBN: 978-3-89539-041-8

Im Alter von 31 Jahren änderte sich ihr Leben von Grund auf. JZ Knight, Ehefrau, Mutter und erfolgreiche Geschäftsfrau begegnete ihrer Bestimmung - Ramtha, dem Erleuchteten, dem Geist eines 35.000 Jahre alten Kriegers aus dem alten Atlantis. Er gab ihr lebenswichtige spirituelle Botschaften für unsere Zeit. Dieses visionäre Ereignis veränderte ihr eigenes Leben und auch das ungezählter anderer auf der ganzen Welt, die zusammenkamen, um zu sehen und zu hören, wie JZ Knight Ramthas Lehren auf dem zeitlosen Pfad der bedingungslosen Liebe „channelte".

Dies ist JZ Knights eigene Geschichte. Es ist der inspirierende Bericht einer Frau, die die widrigsten Umstände überwindet ... die aufrichtige Schilderung einer Seele, die ihre Bestimmung letztlich in der Liebe zu ihrem wahren, zeitlosen Gefährten findet ... die spannende Suche eines Wesens, das über eine UFO-Begegnung und eine Wunderheilung zu Besuchen der immer wachsamen Verstorbenen und - vor allem - zu zeitloser Weisheit geführt wurde, welche auf eine strahlende, grenzenlose Hoffnung für uns alle hindeutet.

RAMTHA
Die Wiederentdeckung der Perle der Alten Weisheit
DIE GESCHICHTE DER MENSCHHEIT AUS DER SICHT EINES MEISTERS
Teil II
€ 23,80
ISBN: 978-3-89539-045-6

„Ich sage euch, dass ihr das finden werdet, was man eure eigene Beziehung zu Gott nennt. Und in eurer eigenen Beziehung zu Gott definiert ihr sie individuell. Ist sie definiert, werdet ihr ein wahrer und bedeutsamer Student dieses Großen Werkes sein. Ich habe mir in jeder Zuhörerschaft viel Zeit genommen, um über einen langen Zeitraum die Geisteshaltung jedes einzelnen anzusprechen. Und angesprochen habe ich sie sehr gut. Wie schreiben wir das in einem Buch? Wie sagen wir, was die Lehren des Ram sind?"

RAMTHA
DIE GESCHICHTE DER MENSCHHEIT AUS DER SICHT EINES MEISTERS
Menschliche Zivilisation
€ 23,80
ISBN: 978-3-89539-048-7

Das Buch ist sehr umfassend und behandelt die Schöpfung der Menschheit und ihre Bestimmung und den Sieg der Unsterblichkeit. Es wird auf Religionen, Schöpfungstheorien, aber auch auf den Eingriff der Götter vor 455,000 Jahren etc...eingegangen....... Das Buch ist für neue Ramtha Leser geeignet, aber auch ein großer Schatz für alle, die bereits viele Bücher von Ramtha gelesen haben.

Michaels Verlag & Vertrieb GmbH
Ammergauer Str. 80 - 86971 Peiting, Tel.: 08861-59018
Fax: 08861-67091, e-mail: info@michaelsverlag.de
Internet: www.michaelsverlag.de

Ramtha
€ 19,80
978-3-89539-050-0

Ramtha
Einführung
€ 12,90
978-3-89539-054-8

Judith Pope Koteen
Der letzte Walzer
€ 12,50
978-3-89539-051-7

Judith Pope Koteen
Finanzielle Freiheit
€ 13,50
978-3-89539-056-2

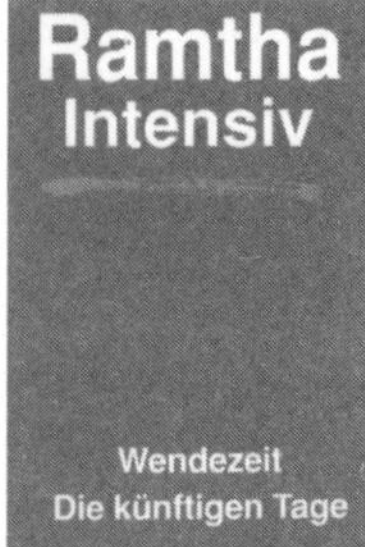

Wendezeit
€ 12,50
978-3-89539-052-4

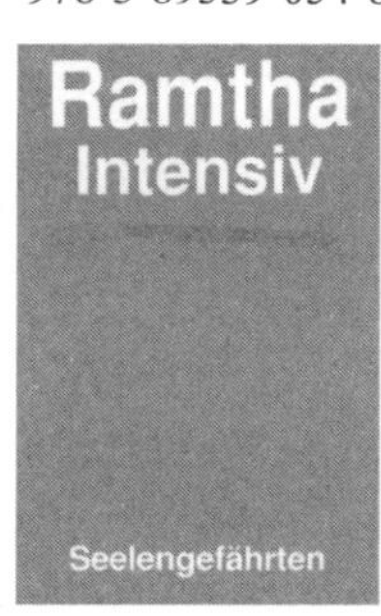

Seelengefährten
€ 12,50
978-3-89539-053-1

Ramtha
Geschichtenerzähler
€ 16,90
978-3-89539-057-9

Ufos
€ 16,90
978-3-89539-055-5

Ramtha
Das Eigene Werden
€ 24,90
978-3-89539-058-6

Ramtha
Das Manifestieren
€ 19,90
978-3-89539-059-3